日本の名城99の謎

歴史ミステリー研究会編

彩図社

はじめに

日本の「城」には21世紀を迎えた今もなお、多くの謎と不思議が存在している。

天下統一を賭けて戦った武将たちの城をめぐる攻防戦、険しい山中にそびえ立ち難攻不落といわれた城、そして自らの権力を見せつけるために建てた巨大な天守がある城など、支配者の象徴である城には、けっして世に出すわけにはいかない事件やスキャンダルが城の数だけ存在している。

そんな城の歴史の闇に隠された、謎の核心に迫ったのが本書である。

たとえば、美しさと力強さを兼ね備えた函館の五稜郭はどのように建てられ、そして攻め落とされたのか。天守も石垣も持たなかった上杉家の居城・春日山城が鉄壁の要塞として恐れられた理由とは何か？

さらに何度も徳川の大軍を翻弄した小さな名城の秘密や、難攻不落といわれた名城が攻め落とされた意外な理由についても解き明かし、城にまつわる呪いや血塗られた事件についても明らかにする。

池田輝政が現在の優美な姿に改修した姫路城や、今でも街のシンボルとなっている長野の松本城といった誰もが知っている城にも人々の怨念にまみれた呪いやたたりが隠されているのだ。

　また、一揆の舞台となり地獄絵図となってしまった城、さらには大爆発を起こしてしまったある城の天守の謎にも触れている。

　本書ではこれ以外にも城にまつわるさまざまな謎を紹介している。歴史の教科書ではけっして読むことができなかった驚愕のミステリーの数々を、自分の生まれ育った街の城や気になる武将の城など、好きなページから読み始めていただきたい。

　そして機会があれば、これらの城を実際に訪れてみることをおすすめする。絢爛豪華な天守や本丸が復元された城もあれば、たったひとつの石碑が残されているだけの荒れ果てた城跡もある。

　その昔、人々が暮らし、戦い、そして命を落とした地に自らの足で立ち、本書に記されたさまざまな謎を思い返してはどうだろうか。そのとき、城は単なる建造物でも人気の観光地でもない、歴史を越えて人々の生きざまを今に伝える巨大な〝劇場〟となるはずである。

２０１６年１月

歴史ミステリー研究会

一章　有名な城に隠された謎

二章　個性的なつくりの城の謎

三章　城の攻防にまつわる謎

四章　不思議な言い伝えの謎

五章　築城にまつわる謎

一章

有名な城に隠された謎

1 名古屋城の金のシャチホコは昔よりも小さくなった？

日本の三大名城のひとつに挙げられている名古屋城は、徳川家康がまだ幼い九男・義直のために西国の大名を中心におよそ20家、総勢20万人にも及ぶ人員を動員して造らせたといわれている。

現在、名城公園となっている名古屋市中区にその巨城が築かれたのは、大坂の陣の4年前、1610（慶長15）年のことだ。西国の、つまり豊臣系の大名に普請《ふしん》（築城）させたのは、関ヶ原の戦い以後も油断のならない彼らを経済的に圧迫するためだった。名古屋城はそういう意味でも贅沢に造られたといえるだろう。

贅沢といえば「金のシャチホコ」だ。金シャチは、安土城をはじめ大坂城や伏見城にもあったといわれているが、現存するのは、ここ名古屋城だけである。

現在天守に輝いている金シャチは、1959（昭和34）年に大阪造幣局職員の手によって復元されたものだが、**築城当時の金シャチよりもかなりダイエットされている**ことを知っているだろうか。

　金シャチに使われた金は、今も昔もメッキなどではなく金の板である。現在のものは、18金（純度75％）が88キロも使用されている。純金量で換算すると、なんと66キロにもなる計算だ。

名古屋城の天守に輝く金のシャチホコ。（写真：Brücke-Osteuropa）

　一方、築城当時に造られた金シャチには、慶長大判１９４０枚分の金が使われた。大判１枚は１６５グラムで、その68％が純金だから純金量は約２２０キロとなる。**４００年前の金シャチは、いまの３倍も太っていたようだ。**

　とはいえ、藩が財政難になったときには金シャチの金を溶かして小判を造り、純金度を落とした金で新たに鋳直《いなお》したともいわれている。

　金シャチは一種の保険であり貯金箱だったのかもしれない。

2 松本城はなぜ真っ黒なのか？

近世を代表する城のひとつ松本城は、その美しさはもちろん、実戦を想定したうえで綿密に設計されて建てられた堅固な城としても知られている。

そんな松本城の大きな特徴は、全体に〝黒〟が目立つことだ。そのために**「烏《からす》城」**という異名まであるほどだが、なぜ松本城には黒色が多く使われているのだろうか。

松本城は本来、室町時代末期の１５０４（永正元）年に小笠原貞朝《さだとも》の居城として建てられた深志《ふかし》城がその前身である。その後、武田氏の居城になるなどの変遷を経た後、１５９０（天正18）年に城主となったのは、徳川家康の懐刀でありながら豊臣秀吉の有力武将となった石川数正《かずまさ》だ。

石川は秀吉の威光を世に示すために、松本城の大改築工事に乗り出す。松本城が黒い「烏城」になったのは、じつはこのときである。

黒は秀吉への忠誠心の象徴と考えられていた。ほかにも黒を使った城があるが、それ

松本城の壁の下部は黒く塗られている。

らもやはり秀吉に忠実に仕《つか》えることを意味していたのだ。

秀吉が築いた大坂城は、屋根瓦には金箔が押されている一方で壁の色は黒である。これは**黒によって金色を目立たせて絢爛豪華さが引き立つようにするため**で、秀吉自身、黒を好んだともいわれる。

そしてそれ以降、**秀吉への忠誠心を表すために武将たちは城に黒を用いることが多くなった**。

特に松本城を特徴づけているのは、壁の下部を覆っている黒漆《くろうるし》を塗った板である。それが城全体を黒い印象にしているのだが、この漆のために雨がはじかれ、壁に水分がしみこむのを防いでいる。そのために松本城は堅固なのである。

3 松本城の天守はたたりのせいで傾いた？

まるで広い水堀に浮いているようにも見える松本城は、威風堂々とした名城のひとつである。しかし、じつは松本城の天守は1955（昭和30）年に**大改修工事が行われるまでは、西南方向に大きく「く」の字に傾いていた**。

これは「たたり」のせいだといわれていたのだが、果たして本当なのだろうか？

松本城は城主が目まぐるしく交代した城で、問題の傾斜が起こったのは、1686（貞享3）年、水野忠直が城主だった時期である。

凶作であるにもかかわらず年貢を3割増しにした藩に激怒した農民たちが**大規模な一揆を起こした**のだ。

首謀者は多田加助という農民だった。松本城の大手門前に迫った加助の勢いに対して、水野氏は年貢の率を戻すことを約束した。

一揆は成功したと安心した一行はそのまま帰ったのだが、これは水野氏の策略であっ

上：貞享義民記念館には多田加助の像が安置されている。
左：明治時代に撮影された松本城。天守が傾いている。

た。その日のうちに加助ら一揆の首謀者は捕らえられ、打ち首獄門に処せられたのだ。**首を切られるとき加助は恐ろしい呪いの言葉を叫んだという。**そして、そのたたりが松本城の天守を傾かせたといわれるようになったのだ。

その後、数度にわたり改修が行われたが、城の傾きは直ることはなかった。しかし、昭和に入ってから大規模な解体修理が行われ、城の傾きは改善された。

実際のところは、低湿地帯に建てられた天守を支えていた巨大な丸太が腐ったことによって傾いたといわれている。

現在は、五重の天守、月見櫓《やぐら》などの建物が残っており、城跡は国の史跡に指定されている。

4 江戸城はなぜ「の」の字形になっている？

住所でいえば千代田区千代田、現在の皇居東御苑のなかにあったといわれる江戸城。この城を守る堀は、なぜか「の」の字を描いている。一般的な城の堀は、大きな円のなかに小さな円がある二重構造なのに対し、江戸城は**らせん構造**なのだ。しかも防衛上らせん構造であるメリットは特にないと考えられている。ではなぜこの形をしているのか？

江戸城は1457（長禄元）年、戦国時代の武将・太田道灌《おおたどうかん》によって築城された。1590（天正18）年からは豊臣秀吉の命を受け、徳川家康の居城となったが、その頃の江戸城周辺は海が近い山のなかの荒れ果てた寒村である。城は長年廃墟だったために雨漏りがするありさまだったという。

家康は、城の改築とともに家臣たちの屋敷を建て、町民が商《あきな》いをできる町にするために、日本初といわれる海岸の埋め立て事業を行い、江戸の土地を造成していった。そこで知恵を出したのが延暦寺の僧侶だった**天海上人**《てんかいしょうにん》だ。

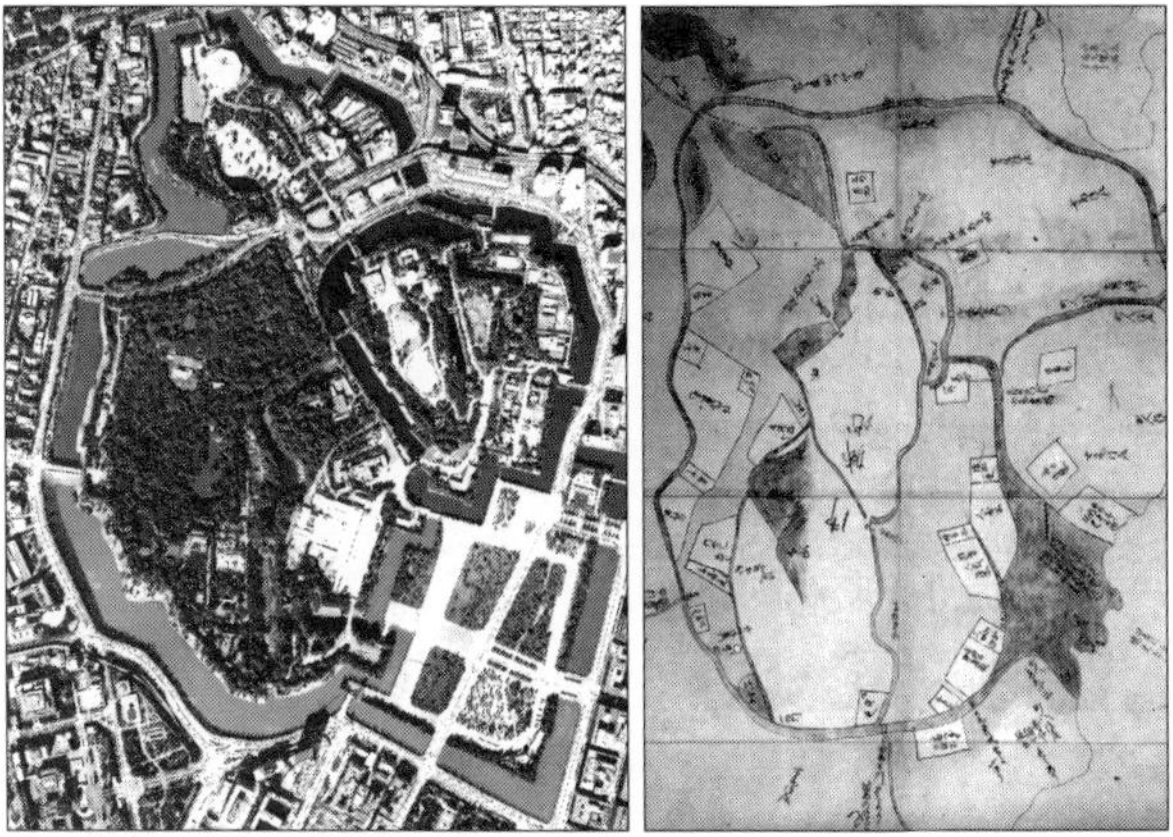

左は現在の皇居の俯瞰写真（写真：国土画像情報（カラー空中写真）国土交通省・1979年）、右は1602年頃の江戸城絵図。

堀をらせん状にしたのはこの天海上人の発案で、**霊峰富士山のエネルギーを取りこむため**と考えられている。一方で**中心から外側へ向かって拡大していく構造**でもあり、江戸・東京の発展要因の一つとも思われる。

いまでこそ途中で寸断され、市ヶ谷辺りは釣り堀になり、赤坂見附の弁慶堀は遊覧ボートの池などになっているが、かつては隅田川から始まり反時計回りのらせんを描いて中心部へつながる一本の堀だったのだ。

いまも通りの名前として「内堀通り」や「外堀通り」と呼ばれているが、そもそも一本の堀なのだからちょっとおかしな話ではある。

5 江戸の町は陰陽道にそって設計された？

徳川家康が江戸幕府を築くまで、江戸は山と海に囲まれたただの田舎だった。それがいまのような発展を遂げたのは、陰陽道にのっとって設計されたからではないかという話がある。

家康と天海が参考にしたのは京都の平安京だ。平安京は陰陽道によって設計された都市であり、天然の結界によって守られた土地と考えられている。

その中心となるのが**「四神相応」**の考え方である。自然の地形や地勢を四方の神として配置する風水の思想だ。日本では、東が流水、西が大道、南が湖沼、北は丘陵となる。

これを、江戸城を中心に置き換えると、東は隅田川、西は甲州街道、南は東京湾、北は麹町《こうじまち》台地になるという。また北東は**「鬼門」**、南西は**「裏鬼門」**として不吉な方角とされているため、そこに神社や寺院を建て、不吉なエネルギーを封じた。

こじつけという説もあるが、東京がいまも膨張を続ける大都市であることは確かである。

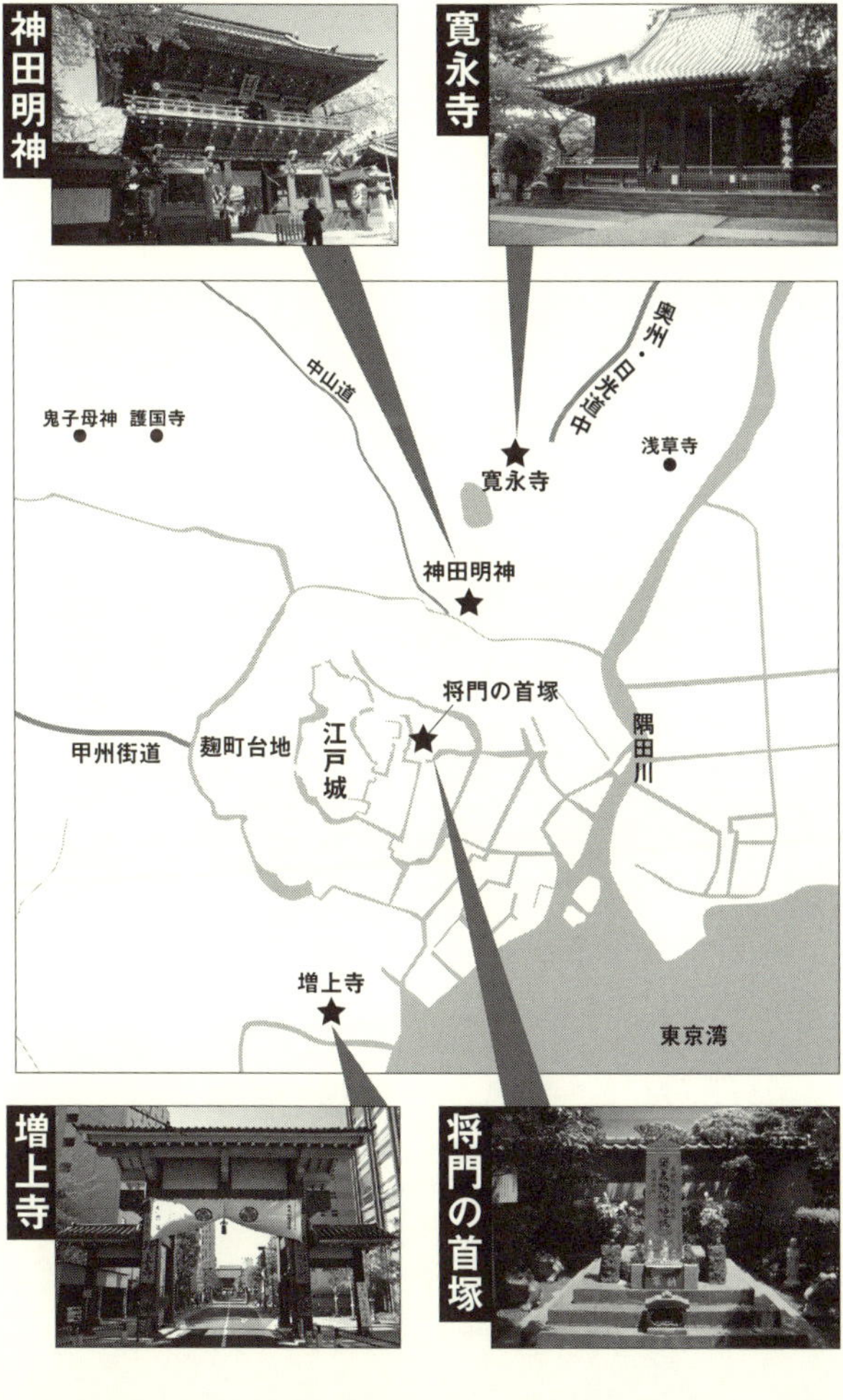
神田明神
寛永寺
中山道
奥州・日光道中
鬼子母神
護国寺
浅草寺
寛永寺
神田明神
将門の首塚
甲州街道
麹町台地
江戸城
隅田川
増上寺
東京湾
増上寺
将門の首塚

6 姫路城は呪われた城だった？

〝白鷺城《しらさぎ》〟の異名を持ち、世界遺産にも登録されている姫路城は、その美しさだけでなく、1610（慶長15）年の築城以来、天守などの建造物が当時のままで現存していること でも貴重な城である。しかし、じつは姫路城は、築城当時は恐ろしい呪いに覆われていたのだ。いったい何が起こったのだろうか。

姫路城を改修して現在の姿にしたのは池田輝政《てるまさ》だが、改修が完了して間もない頃に1通の手紙が届く。そこには**「輝政と夫人に天狗がとりつく。呪いを解きたければ城の鬼門に八天塔を建て、大八天神を祀《まつ》れ」**と書かれていた。

じつは姫路城が建つ前に、ここにはその前身ともいうべき城があった。1346（正平元）年に赤松貞範《さだのり》が建てた城である。当時このあたりは姫山という地名だったのだが、その城を大改築して現在の姫路城にする際、姫山にあった刑部《おさかべ》神社を別の場所に移した。手紙は、そのたたりではないかと噂されたのである。

姫路城の天守

池田輝政

そこで、輝政は城内に刑部神社を造ってたたりを押さえ込もうとしたが、2年後に**重病で倒れた**。人々はあわてて護摩《ごま》祈祷《きとう》を行い、手紙にあった通りに八天塔を建てた。すると輝政の病気は回復したのである。

ところが、その2年後に**輝政は急死、さらにその子供たちも次々と死んでいくという不幸が池田家を襲う**。どうやら呪いは解けていなかったようだ。

しかも、誰もいないはずの天守に明かりが灯《とも》り、人の泣き声が聞こえるという噂も流れたのである。

世界的に知られる姫路城だが、かつてはこんな暗い影がつきまとっていたのである。

7 大坂城は豊臣秀吉の城ではない？

豊臣秀吉によって建てられ、徳川家康によって焼失した大坂城は、大坂（現在の大阪）が幕府直轄領になった1619（元和5）年の翌年、2代将軍徳川秀忠によって再築工事が始まり、3代将軍家光の時代に完成した。

豊臣の大坂城と徳川の大坂城はまったく違う。すべてを変えてしまったといってもいいだろう。

豊臣の大坂城は、1583（天正11）年に石山本願寺の跡地に建てられ、完成までに1年半を要したといわれる。二重の堀と運河によって囲まれた守りの堅い城であったことは、大坂冬の陣の勝利で証明されている。そんな強い大坂城だったからこそ**すべてを新しくしなければならなかった**のだ。

徳川の大坂城の工事を始めた秀忠は、普請総奉行《ふしんそうぶぎょう》に選ばれた藤堂高虎に「石垣の高さと堀の深さを2倍に」と命じたという。つまり旧城の石垣と堀を壊し、高いところでは

10メートルも盛り土をして、その上に新たな石垣を築いたのだ。**旧城の面影をなくすことで豊臣秀吉の影響力と記憶を拭い去りたかった**のだろう。

その結果、現存する大阪城は、石垣の一つまですべて江戸時代に再築されたものであり、**秀吉時代の大坂城の遺構《いこう》は見られない。天守などの建物やその構造も一切踏襲されていない**というのだから、徳川の秀吉に対する敵意と恐れは並みではなかったようだ。

その後焼失したものを1928（昭和3）年に再建したのが現在の大阪城で、徳川の大坂城をモデルにしており、天守の位置もほぼ同じである。

それでもいまだ大阪城＝秀吉のイメージなのは皮肉である。

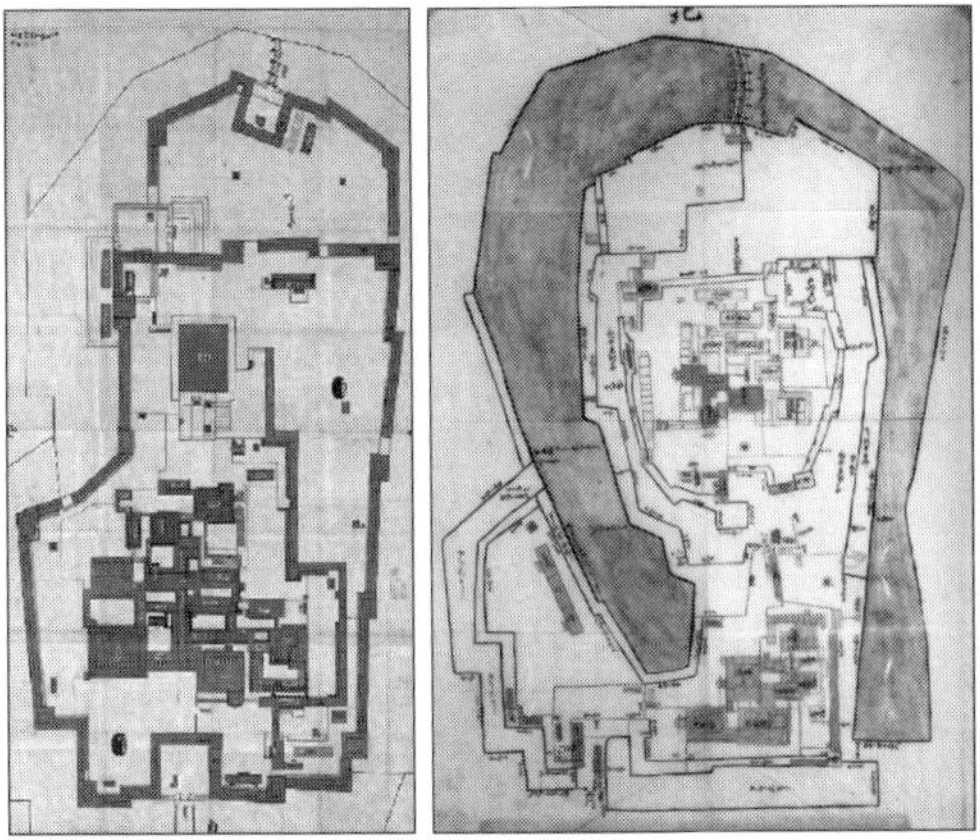

左は豊臣時代の大坂城図、右は江戸期の大坂城図。比較すると違いがわかる。

8 大坂城の最強の堀は最大の弱点でもあった？

大阪の上町台地にあった大坂城は、豊臣秀吉が威信をかけて築城した巨大な城だ。東は海、北は淀川という天然の要害に守られ、さらに外堀と内堀が二重に城を囲み、巨石を用いた高さ30メートルという石垣がそびえていた。まさに当時としては最強の城だったといえよう。

これだけ守りの固い大坂城が攻め落とされたのはなぜなのだろうか。

大坂冬の陣では、城の堅牢さを武器に、秀吉の側室・淀殿は籠城《ろうじょう》策を選んだ。唯一攻め込みやすい南側には真田幸村が出城を築き、果敢に応戦したため、家康も突破することができなかった。目の前には幅72メートル、高さ30メートルという外堀が横たわっていたからだ。

「この堀がある限り、城は落とせない」と考えた家康は和睦工作に出たのだが、淀殿はまったく応じる気配を見せない。

現在の大坂城の濠は江戸時代のもので、秀吉時代の面影はない。

　そこで、家康は**威嚇の大砲を天守に向けて放った**。強気の淀殿も、これには肝を潰し、即座に和睦に応じたのである。

　この和睦交渉のなかで、外堀を埋めることが決められた。しかし、老練な家康が外堀だけで満足するはずがない。たちまち、**条件にはなかった内堀まで埋めてしまった**のである。

　最大の防御だった堀を失った大坂城は、丸裸も同然だった。籠城することもかなわなくなった豊臣軍は「大坂夏の陣」で敗北。豊臣家は滅亡し、大坂城は炎上したのである。

　大坂夏の陣の後、豊臣家が築いた城の痕跡はすべて地中に埋められ、徳川家がもっと大きな新しい大坂城を建築した。

9 誰でも城主になれる城がある？

「一国一城の主《あるじ》」とは、戦国の世を生きた武士なら誰もが一度は憧れる夢だ。ところが、マイホームを持つことすら難しいこの現代で、誰でも簡単に城主になることができる城があるという。

日本三名城のひとつとされる熊本城は、熊本県熊本市のほぼ中央部に建てられた巨大な城だ。1601（慶長6）年に、加藤清正が当時の最先端の技術を駆使して築いている。じつはこの熊本城こそ、誰でも城主になることができる**「一口城主制度」**というユニークな制度を行っている城なのだ。

約98ヘクタール、東京ドーム約21個分という広大な敷地に建てられた熊本城は、1877（明治10）年には、西郷隆盛が新政府に反旗を翻《ひるがえ》した西南戦争の激戦の地となった。そのときに、天守をはじめその建物のほとんどが焼失してしまっている。

もちろんその後に天守など多くの建物が復元、改修されている。ところがまだ手つか

上：熊本城
右：城主になると贈られる城主証と芳名板の見本（写真提供：共同通信社）

ずの箇所もあるため、改修費の財源の一部を確保するために企画されたのがこの一口城主制度なのだ。

一口城主になるのはいたって簡単。**所定の申込み用紙に記入して一口1万円の寄付をすればOK**。れっきとした**〝城主〟のひとりとして、その人の名前が熊本城の天守内に掲示される**のだ。

熊本県出身のタレントや人気アイドルもこの一口城主に参加していることが話題となったのをご存じの人もいるだろう。

2016（平成28）年2月までに約4万9000件、6億万円以上の寄付が集まっている。募金の目標額は7億円だが、同年4月に起きた熊本地震により「一口城主制度」は**いったん休止**となっている。

10 熊本城の築城技術は大陸から渡来した？

熊本城は、大坂城、名古屋城とならび日本三名城と呼ばれている。築城は1601（慶長6）年で、もともと隈本《くまもと》城や千葉城などがあった茶臼山《ちゃうす》を中心に坪井川を天然の堀とした古城地域に建てられた。現所在地でいえば熊本市本丸町にある。

最大の特徴は石垣の美しさで、手がけたのは築城主である**加藤清正**だ。「隈本城」を「熊本城」と改めたのもその清正だ。

清正が手がけた石垣はいくつもあるが、熊本城はその代表作といわれている。特長は「清正流」といわれるその形にある。まれに見るほどの高い石垣であると同時に、裾野の傾斜は緩やかで上に行くに従って反り返るような勾配になっており、これが敵の侵入を防いでいる。

豊臣秀吉に子供のように可愛がられ、秀吉のもとで大坂城、名古屋城の築城にも関わった清正が、石垣造りに長《た》けた要因は、秀吉の命《めい》で出かけた**朝鮮出兵**にあるといわれる。

熊本城の美しい石垣には「武者返し」など、いろいろな別名がある。

そこで**大陸の城や石組みを目の当たりにし、実際に築城のノウハウも経験し、石垣構築の技術も高めた**のだ。

また、朝鮮出兵で兵糧《ひょうろう》攻めに遭《あ》った経験を生かし、城内に120か所もの井戸を掘り、籠城に備えていたともいう。それは、のちの西南戦争で官軍の籠城の際に大いに活用され、官軍勝利の一因となった。

清正はまた、豪傑な素顔の裏で、じつは築城のほかに領内の灌漑《かんがい》水利事業など土木工事に多くの実績を残した土木技術者でもあった。その力量は江戸幕府に入っても天下普請《てんかぶしん》で活《い》かされたという。

なお現在は、2016年の熊本地震による被害の復旧作業が続いている。

11 会津若松城は「進化する城」だった？

福島県にある会津若松城は「会津若松城」が正式な名前だが、世間では別名の「鶴ケ城《つるがじょう》」のほうが名が通っている。会津若松市追手町にある東北の名城で、幕末動乱期に白虎隊や新選組といったつわものたちが活躍した舞台にもなった場所だ。

この鶴ヶ城は、**〝進化する城〟**とも呼ばれている。その所以《ゆえん》は、目まぐるしく城主が入れ替わり、そのたびに改修されたことにある。

築城は1384（至徳元）年。城主は**蘆名直盛**《あしななおもり》で、その頃は地名を黒川と呼んでいたことから「東黒川館」といい、これが鶴ケ城の始まりといわれている。

その後、蘆名氏を滅ぼし、入れ替わったのが**伊達政宗**だ。しかし小田原征伐に出遅れたことが豊臣秀吉の逆鱗《げきりん》に触れ、わずか1年で会津を没収されてしまう。

次に城主になったのが**蒲生氏郷**《がもううじさと》だ。文武に優れた氏郷は、織田信長が娘の冬姫を嫁《とつ》がせたほどの人物で、現在の会津若松城の基礎は氏郷によって造られたといわれている。

会津若松城（写真提供：裏辺研究所）

氏郷は、新たに七重の天守を造りあげ、城の名前を「鶴ケ城」としたほか、城下町を整備し、黒川を若松と改名した。松や鶴には吉祥の意味が込められているようだ。

氏郷亡き後、城は**上杉景勝**《かげかつ》を経て、再び**蒲生氏**の手に戻るが、蒲生家は4代で途絶えてしまう。

代わって城主となったのが**加藤嘉明**《よしあきら》で、嘉明の子、**明成**《あきなり》によって城は大改修され、現在の姿になったといわれる。

1611（慶長16）年の大地震で傾いたままになっていた天守を改築し、東に向いていた大手口を北へ改めたり、本丸に新たに枡形《ますがた》の石垣を設けて、本丸への侵入をそれまで以上に困難にした。

12 水戸城主は代々「デキる殿様」だった？

現在の茨城県水戸市にある水戸城には、代々、歴史に名を残す名君たちが暮らしていたのをご存じだろうか。

1609（慶長14）年に徳川家康の11男にあたる徳川頼房《よりふさ》が入城して以来、徳川御三家の居城となった由緒ある水戸城には、**「水戸の三名君」**といわれる3人の〝デキるお殿様〟が暮らした歴史がある。

1人目は、2代藩主の**徳川光圀《みつくに》**。「水戸黄門」としても有名な人物だが、先見の明があった彼は日本の歴史を後世に伝えようと全国からすぐれた学者を招き、壮大な歴史書**『大日本史』の編纂《へんさん》**に尽力している。

そして、2人目が第9代藩主の**徳川斉昭《なりあき》**。彼は藩士の教育に熱心で、文武両道の修練を積ませるため水戸城の敷地内に**藩校・弘道館を創設**している。弘道館では、武芸ばかりか医学・天文学・蘭学など幅広い学問を学ぶことができ、藩校としては国内最大規模

水戸の三名君。左は徳川光圀、右上は徳川斉昭、右下が徳川慶喜。

のものだった。また、梅の名所としていまも人気の偕楽園《かいらくえん》も、庶民に憩いの場所を提供しようと斉昭が創設したものだ。

最後に、その息子で江戸幕府最後の将軍となった**徳川慶喜**《よしのぶ》だが、父である斉昭の厳しい教育方針で、5歳から弘道館において英才教育を受けている。

慶喜の人物評には諸説があるが、それでも、**大政奉還**や**江戸城の無血開城**など、戦争を無駄に長引かせないための優れた政治判断を評価する声もあり、歴史を変える英断も幼い頃から培《つちか》われた見識の賜物《たまもの》といえる。

このように、水戸城は優秀な人材を輩出したという意味でも〝名城〟と呼ぶにふさわしい城なのだ。

13 江戸城大奥で大リストラ劇があった？

関ヶ原の合戦に勝利して天下統一を果たした徳川家康が、1603（慶長8）年からの天下普請で大改築を行わせた江戸城。そんな江戸城内には、徳川の天下泰平の象徴ともいえる**女性だけの世界**が存在した。ご存じ、「大奥」である。

大奥とは、ドラマや映画などでも描かれているように、将軍の正室や側室、そして生母、さらに彼女らに仕《つか》える女中の生活の場だ。

そこには春日局《かすがのつぼね》や天璋院篤姫《てんしょういんあつひめ》など個性豊かな女性たちが暮らし、ときに〝女の戦い〟を繰り広げていた。

ところが、その大奥の改革に手をつけた将軍がいる。享保の改革で知られる8代将軍の徳川吉宗である。

累積する幕府の赤字を解消すべく、吉宗はみずから質素倹約を実践し、木綿の衣服に袖を通しては食事も朝夕の2回、しかも「一汁三菜」とするほどの徹底ぶりだった。

かつて大奥があった場所は、現在皇居東御苑として開放されている。

そんな吉宗が、多額の費用のかかる大奥に目をつけたのも当然の話だ。

ある日吉宗は、**大奥のなかから容貌のいい女中を選ぶとなんと実家に戻してしまう**。いまでいうところの〝大規模リストラ〟である。

しかし吉宗はその理由を、**「美女なら家に帰っても嫁のもらい手はいるだろう」**と平然と伝える。

将軍のお達しであるうえに、言われてみれば確かにその通りなのだから、大奥の女性陣も返す言葉がない。いかにも吉宗らしいやり方だ。

15代続いた徳川の世では、このように江戸城内においてもさまざまなドラマが渦まいていたのである。

14 二条城には200年間城主がいなかった？

江戸幕府最後の将軍となった徳川慶喜が、政権返上を宣言し大政奉還をしたことでも有名なのが、京都の二条城だ。

数々の歴史ドラマの舞台となったこの名城だが、じつは**200年以上、城主が城を訪れることがなかった**。

二条城は、関ヶ原の合戦に勝利して天下統一を果たした徳川家康が1601（慶長6）年に築城を命じたもので、家康が上洛《じょうらく》（京都入り）するときの宿所を想定して建築された。

この工事は西日本の諸大名が関わった大規模なものだった。世にいう「天下普請」で、城の工事を大名に負担させることで、その財力を削《そ》ぐ目的があった。全国の大名を交代で定期的に江戸へ出向かせる参勤交代などと同じ意味合いを持っていたのだ。

そこまで大がかりな工事の末に完成した二条城だったが、じつは**将軍自体が足を運ぶことはほとんどなかった**。

上：二条城（©Wiiii and licensed for reuse under Creative Commons Licence）
下：右から徳川秀忠、家光、家茂、慶喜

家康、秀忠、家光までは二条城を訪れたものの、１６３４（寛永11）年、３代将軍の家光が大軍を率いて二条城を訪れて以後は、徳川家の将軍が二条城を訪れることはなくなってしまったのだ。

家光の次に二条城を訪れたのは14代将軍の家茂《いえもち》で、１８６３（文久３）年というから、**２００年以上にわたり、城の主である徳川家の将軍が訪れることがなかった**のだ。

そして、最後の将軍となった15代の慶喜が二条城の大広間にて大政奉還を宣言したのが１８６７（慶応３）年。二条城は、まさに徳川時代の誕生と終焉に立ち合っていたのだ。

15 仙台城は政宗vs家康の心理戦の結果できた？

「独眼竜」として恐れられた名将・伊達政宗が築城した仙台城。仙台市郊外の青葉山にあったことから通称「青葉城」としてもおなじみのこの城だが、この土地に城が建つまでには、じつは政宗と徳川家康との間で意外な心理戦が繰り広げられていたのだ。

現在、仙台城の跡地は青葉山公園となっていて、市内を一望できるばかりか、遠く太平洋まで望むことができる。

関ヶ原の戦いで東軍に味方し、領地を拡大した伊達政宗は1600（慶長5）年、この地に築城することを決めた。

当時、城を建てるには江戸幕府、つまりは徳川家康の許可が必要だった（188ページ参照）。大名たちは幕府に築城の候補地を第1候補から第3候補まで3ヵ所提出して、そのなかから許可を受けた土地にやっと城を構えることができたのだ。

とはいえ、〝狸《たぬき》〟とも評されるほど狡猾《こうかつ》だったという家康がみすみす第1候補を許す

左は仙台城（1876年頃）、右上は伊達政宗像、右下は徳川家康

わけもない。大名たちは不本意ながら、許可された第2、第3の候補地に城をかまえるしかなかったという。

その情報を耳にしていた伊達政宗もやはりくせ者として知られていた人物だ。

本来なら城下町の中心部にあたる榴《つつじ》ヶ岡が第1の候補だったのだが、家康の裏をかくために、**第3候補だった青葉山をあえて第1候補として幕府に提出した**。

さて、ここからがこのエピソードの面白いところだ。家康は政宗の裏の裏をかき、なんと**第1候補の青葉山にすんなりと築城許可を出してしまった**のだ。

家康のしてやったり顔が思い浮かぶようだ。一方の政宗は、どれほど苦々しい思いでその許可を受けとったことであろう。

16 安土城の謎解明のカギはローマにある？

天下統一を夢見ながらも、志《こころざし》なかばで倒れた織田信長。そんな信長が、琵琶湖のほとりに建てた天下の名城として名高い安土城は、いまだに正確な姿が明らかになっていない**「幻の城」**だ。

京の都にも近い近江、いまの滋賀県の安土山に信長が築城を始めたのは、天下統一を進める１５７６（天正４）年。当時の名工を集めての大規模かつ驚くべきスピード工事は「天下普請」と呼ばれ、信長の権力の強大さを示すものでもあった。

この安土城の最大の特徴といえば、**五層、７階建ての絢爛豪華な天守**が構築されたことだ。本格的な天守がある城など、それまでの日本の歴史には登場してこなかったのだ。さながら信長のシンボルタワーといえよう。

信長の権力の象徴ともいえるその雄大な姿は、安土城を見た宣教師が、故郷への手紙に**「ヨーロッパでもこれほどの城は見たことがない」**と書いたほどだったという。

安土城資料館にある安土城天守の模型

しかし、信長が本能寺の変で自害した直後、築城後わずか3年で放火により焼失してしまう。そのうえ、当時の図面や城の姿を描いた絵図がほとんど残されていないため、「幻の城」といわれている。

そんななか、現存する安土城の絵図といわれている1枚の屏風絵の存在がささやかれている。信長が当時、大絵師・狩野永徳《かのうえいとく》に描かせ、当時のローマ法王グレゴリオ13世に献上したといわれている屏風絵**「安土城之図」**がそれだ。

安土城の姿が描かれていると期待されているが、いまだ発見にはいたっていない。信長の築いた名城は、4世紀以上過ぎたいまになってもその全容は明らかになっていないのだ。

17 引っ越し中の天守がある？

日本の城の防御の要といえば石垣だ。石垣があってこそ天守は高くそびえることができる。だが、どんなに堅牢に造られた石垣も時とともに老朽化していく。真下の土台が崩落すれば、そのうえに建つ天守も倒壊する。そのため、約100年前に**天守を移動させて石垣の修復を行った城**がある。東北で唯一の現存天守、弘前城だ。

弘前城は、1611（慶長16）年に第2代津軽藩主の津軽信枚《のぶひら》が築城した。当時、石垣は一部しか築造されていなかったが、5層6階の天守を持つ堂々たる城郭だった。

しかし、わずか16年後に天守の鯱に雷が落ちて火災が起こり、地下の弾薬庫が大爆発を起こして焼け落ちる。現存する3層の天守が再建されたのは、約200年後の1810（文化7）年のことだった。

ところが、明治の中頃になって天守台の真下の石垣が崩落し始める。このまま放置すれば、石垣もろとも天守が堀に崩れ落ちてしまうのは明らかだ。

仮設天守台（左側）に引っ越し中の弘前城天守（写真提供：共同通信社）

そこで弘前出身の大工棟梁、堀江佐吉が立ち上がった。約400トンの天守を石垣から切り離して、**「曳家《ひきや》」**という伝統の土木工法で西側に移動させたのだ。

そうして天守台下の石垣をいったん解体して石を積み直し、また曳家して元の場所に天守を戻す。こうした大工事を**人力でやり遂げた**のである。

じつは、弘前城は2015（平成27）年にも曳家が行われており、建物のゆがみを直しながらジャッキで水平に天守を持ち上げ、約70メートルを移動することに成功している。

今後は天守台の発掘調査と石垣工事が行われ、2021（平成33）年にはまたもとの場所に戻ってくる予定だ。

18 なぜ石垣しかない竹田城が大人気なのか？

城好きなら誰もが一度は見たいと思う人気の城、それが竹田城だ。虎が伏せているように見えることから「虎臥城《とらふすじょう》」とも、雲の上に浮かんでいるように見えることから**「天空の城」**とも呼ばれている。

竹田城は、1443（嘉吉3）年に但馬《たじま》の山名持豊《もちとよ》が家臣の太田垣氏に築かせた城だといわれている。築城当時は、土塁造りだったようだが、後に城に入った羽柴秀長、桑山重晴、赤松広秀の時代に総石垣になった。

虎口《こぐち》（入口）に曲輪《くるわ》（城壁や堀、天然の崖や川などで仕切った城内の区画）、通路に櫓《やぐら》を組み合わせるという、軍事的に高度な造りもさることながら、この城の魅力は、なんといってもその美しさにある。**残っているのは石垣だけにもかかわらず、美しい**のである。

竹田城が建つのは、標高353メートルの古城山（虎臥山）の頂で、本丸を囲むように二の丸、三の丸、南二の丸が複雑に連結され、そこを中心に南千畳、北千畳の石垣が

雲海に浮かぶ竹田城

両翼を広げた鳥のように南北に長く伸びている。天守台の西側には花屋敷と呼ばれる曲輪があり、山を覆い広がっているように見える。

本丸から南側を見下ろすと、南二の丸の先に南千畳が望め、ときに石垣の列が雲に見え隠れする様は城好きを魅力してやまない風景だ。

石垣の全景がおさまるベストポイントのひとつが、円山川《まるやま》を挟んで古城山と対峙する立雲峡だ。そこからは、明け方に雲海に浮かぶ竹田城が見えるという。

なにより周囲の環境が近代化されていないことが、この城をより美しく、そして幻想的な「天空の城」であり続けさせているのだろう。

19 ひこにゃんはなぜネコなのか？

彦根市金亀町に建っている彦根城は、徳川家康が井伊直政《いいなおまさ》に命じて築かせたものだ。築城に着手したのは1603（慶長8）年、まだ豊臣秀頼が大坂城に健在であり、西国には豊臣系大名がいたこともあり、大坂城に対する前線基地として築かれたと思われる。

天守は、国宝に指定されているが大津城からの移築である。また時代劇のロケでもよく使われる天秤櫓《てんびんやぐら》と廊下橋（かつては屋根があったことからこう呼ばれている）は長浜城からの移築であり、建築としては寄せ集めの城ともいわれている。

別名を金亀城といい、その理由は彦根城が築城される前、彦根山上の寺院に金の亀に乗った観音様が安置されていたから、というのが有力な説だ。

近年、彦根城を有名にしたものといえば**「ひこにゃん」**である。ひこにゃんは「国宝・彦根城築城400年祭」のイメージキャラクターとして2006（平成18）年に誕生した、「井伊の赤備え」と称された井伊家ゆかりの赤い兜《かぶと》をかぶっている**白いネコ**である。なぜネコなのだろう？

　東京都世田谷に豪徳寺という寺がある。かつて彦根藩2代目藩主の井伊直孝《なおたか》が、その豪徳寺の大木の下で雨宿りをしていたとき、少し先で白いネコが手まねきしたのを見てネコの方へ近づいていくと、いままでいた大木に雷が落ち、直孝は命拾いしたという話が伝えられている。ネコに感謝し豪徳寺を井伊氏の菩提寺にした。

　このいわゆる**招きネコ発祥の伝説からネコがキャラクターになった**のだ。

　その白ネコのご利益なのか、彦根城は明治に入って解体の危機に見舞われたが、明治天皇が彦根を通った際に、保存するよう命を下したという話があり、ここでもまた命拾いしている。

ひこにゃん（写真提供：時事通信）

20 首里城は城であって城でない？

首里城は、現在の那覇市首里当蔵町に建つ城だ。築城年は不明だが14～15世紀末頃ではないかといわれている。

文献上に現れるのは、琉球王国第二尚氏《しょうし》・尚真王《しょうしんおう》、尚清王《しょうせいおう》の時代（１４７７～１５５５年）になる。この頃に、石垣が二重になり、門を設けるなどの整備がされ、いま見られるような姿になったようだ。

しかし、この首里城には、城の代名詞である**天守もなければ堀もない**。戦を中心に考えられた日本のほかの城とは明らかに違っているのだ。なぜなら１８７９（明治12）年に城が明治政府に明け渡されるまで、そこが**琉球王国という独立した国だった**からだ。

琉球は、中国文化の影響が強く、そこへ日本文化をミックスしたような独特の文化を創り上げてきた。首里城も、日本の城というより中国の宮殿と呼ぶにふさわしい造りだ。

縄張（１９６ページ参照）は、加工しやすい石灰岩を積み上げた中国風の曲線を帯びた石

首里城正殿

積みで囲まれている。そもそも沖縄では「城」と書いて「グスク」と読むのだが、「グ」は石、「スク」は囲いという意味。**石垣に囲まれた場所がつまり城**なのだ。

城内には王家の施設のほか、信仰上の聖地や行政機関の施設などもあり、官公庁の集合体のようなものだった。点在する門が役所的役目を担っていたことも特徴のひとつだろう。

たとえば現在は発券所になっている「広福門《こうふくもん》」は、神社仏閣を管理したり司法を管理する機関であり、また「漏刻門《ろうこくもん》」は、日時計や漏刻（中国語で水時計の意）を使って時間を管理する機関だったといわれている。

二章

個性的なつくりの城の謎

21 福岡城はわざと天守をつくらなかった？

九州最大規模の城といえば、現在の福岡県福岡市にある福岡城だ。

この城は、軍師として有名な**黒田官兵衛**が、息子の黒田長政とともに築いた城である。官兵衛から黒田家を継いだ長政は、関ヶ原の戦いでは東軍として戦果をあげる。その功績が認められ、長政は筑前52万石という広大な領地を与えられた。

その領地を治めるべく長政は１６０１（慶長６）年、当時すでに貿易港として栄えていた博多にも近い土地に新たに福岡城を建てる。

いまでこそ埋め立てられてしまったものの、築城当時は博多湾に面していた城は三角形の敷地をしている。さらに、その姿は鶴が羽を広げているように見えるところから「舞鶴城」とも呼ばれる雄大さで、「内城」と「外城」とに分かれるほどの大規模なものだった。

ところが、城の大きさに反してこの福岡城には天守が建てられていない。

その理由には、名将と呼ばれた黒田親子ならではの気づかいがあった。

天守台跡への入口（写真提供：裏辺研究所）

どれほど家康に認められたとはいっても、黒田家はあくまで外様《とざま》大名。徳川の家臣の中での位置はさほど高いものではなかった。

そこで、**城が目立ちすぎて幕府から目をつけられないように、あえて天守は造らなかった**というわけだ。

近年、福岡城に関する噂を記した文書が発見されたことで「天守は一度は建てられたものの、官兵衛が破壊した」という説が浮上している。

いずれにしても、強大な力を持った徳川家に対する黒田家の気づかいを感じさせるエピソードであることには違いない。

22 天守も石垣もない「鉄壁の城」があった？

戦国最強の軍団と恐れられた上杉軍を率いた〝越後の虎〟こと上杉謙信。その謙信の居城であった春日山城《かすがやまじょう》は鉄壁の城とたたえられた名城だったが、そこには**天守はおろか、石垣すら造られなかった**。いったいどうやって堅固な守りを築きあげていたのだろうか。

現在の新潟県上越市にある春日山城の基礎が造られたのは、いまをさかのぼること600年以上前、南北朝時代の頃といわれている。その後、謙信の父である長尾為景《ためかげ》が1510（永正7）年に本格的に築城し、そして謙信の時代になってからは大がかりな改修工事が断続的にほどこされた。

春日山城は、その名の通り春日山に造られた城である。一般に「城」というと、天守があって、石垣に囲まれて……という姿をイメージするものだが、この春日山城は、**山麓から頂上にかけて建物を設置した、山をそのまま城となしたような風貌**だったのだ。**城というよりは「要塞《ようさい》」という呼び名がふさわしい**といえる。

春日山城城址

そして、石垣の代わりには自然の起伏を活かした空堀《からぼり》や土塁《どるい》などで守りを固めていた。さらに周囲の山々にも砦《とりで》を築くことで、一帯をより大きな要塞としていったのだ。

現在では、堀と土塁の一部が復元され散策することもできる。２００９年のＮＨＫ大河ドラマで一躍、脚光を浴びた直《なお》江《え》兼続《かねつぐ》の住居跡も残されていて人気を集めている。

ところがこの巨大要塞の跡地は、くまなく歩くには運動不足の体には相当こたえるほどの起伏と広さがある。49年の生涯を休む間もなく戦に明け暮れたという謙信だが、その本拠地も、最強軍団の呼び名にふさわしい一大要塞だったのだ。

23 鹿児島城はあえて無防備につくられた？

鹿児島城は、1602（慶長7）年、島津家久（忠恒《ただつね》）が築城し、現在の鹿児島市城山町の標高100メートルの小高い山の麓《ふもと》に築かれた。

当時、城は軍事を追求した近代城郭が当たり前になっていたにもかかわらず、鹿児島城は天守もなく、重層櫓《やぐら》もなかった。まるで**武士の屋敷に毛が生えたようなもの**だったといわれている。あるのは石垣と水堀に囲まれた本丸と、水堀もない二の丸と厩《うまや》（馬小屋）だけというあまりにも簡素で無防備な造りなのである。しかし、けっして財政難だったわけではない。そこには**島津家ならではの哲学**があったのだ。

そもそも島津藩があった鹿児島の南端には他藩の往来はほとんどないため、特別に城を防御する必要がなかった。また、外様大名である島津家が**幕府への絶対的な服従の意志を簡素な城で表した**ともいわれ、世渡り上手な島津家らしさがうかがえるのだ。

家久の兄である島津義久の言葉に**「城をもって守りと成さず、人をもって守りと成す」**

明治初期頃の鹿児島城本丸

という名言があるが、薩摩藩には「外城制度」と呼ばれる地元独特の制度があった。

この外城制度を簡単にいえば、各地に農村、漁村支配の拠点機能を持った仮屋を配置し、そこに武士を分散させた〝軍事ネットワーク〟だ。これが立派に防御システムの役目を果たしていたのである。簡素な城にできた理由がちゃんとあったのだ。

その防御システムが及ばず、城が攻められるときがくるのなら、もはや抵抗できる状態ではないから立派な城を築いても無駄になる。

そう考えたとすれば、家久はなんとも潔《いさぎよ》く、合理的な人物だったに違いない。

24 忍城は水の上に浮かんでいた？

埼玉県行田市にある忍城《おしじょう》は別名「忍の浮き城」と呼ばれている。果たしてこの地に伝えられる〝浮かぶ城〟の正体とは――。

この忍城は１４７８（文明10）年頃、現在の埼玉県熊谷市あたりを中心に勢力を拡大していった豪族の成田氏が築城している。城を建てるにあたり成田氏が選んだ場所は、利根川と荒川にはさまれ、**沼に囲まれた土地**だった。その結果、城を攻めるためには沼を進むしかないという、天然の地形を活《い》かした城が完成したのだ。

この独特の立地が効果を発揮したのが、１５９０（天正18）年の一大攻防戦だ。

関東地方の平定をめざした豊臣秀吉は、北条氏を討つために「小田原攻め」を開始する。北条氏に属していた成田氏も当然ターゲットになるのだが、忍城攻めを命じられたのは石田三成だった。沼に囲まれた忍城を見た三成は、「これは**水攻め**がいいだろう」と準備にとりかかる。

水攻めとは、秀吉が備中《びっちゅう》高松城を攻めるときに用いた、敵城を水浸しにして封じ込めてしまう兵糧《ひょうろう》攻めの一種である。三成は急いで堤防を造らせ、利根川と荒川の水を引き入れて忍城めがけて一気に流し込んだ。

ところが、**どれだけ水を流し込んでも城はいっこうに水に浸《つ》からない。**そればかりか三成の堤防が持ちこたえられずに先に決壊してしまったのだ。

この様子を見て、人々は「あの城は水に浮かんでいる」と噂するようになり、「忍の浮き城」となったわけだ。

ところが、じつは**城が周囲の沼地より少し高台にあったために水に浸からなかった**、というのが〝浮かぶ城〟の正体だったのである。

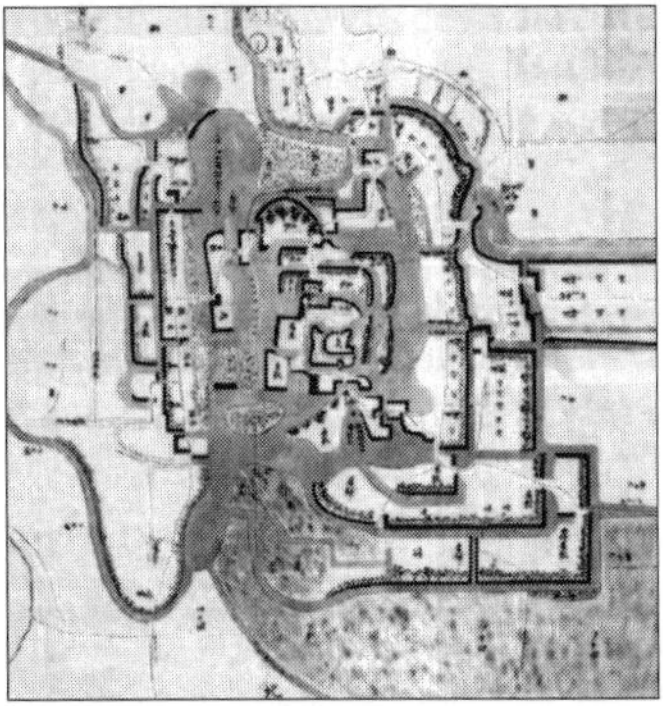

上：城の外堀の一部を利用した水城公園
（写真提供：裏辺研究所）
下：武州忍城之図

25 日本最北端の城、最南端の城は？

日本でもっとも北にある城と、もっとも南にある城をご存じだろうか。

財団法人・日本城郭協会が選定した「日本100名城」によると、もっとも北にある城は、北の大地・北海道にある根室半島のチャシ跡群、五稜郭、松前城が選ばれているが、そのなかでも謎に満ちているのが**アイヌ族の人々が造った根室半島チャシ跡群**だ。

北海道の東の果て、根室半島の根室市に建てられたチャシは16～18世紀のもので、アイヌ語で砦や柵などを意味する。しかしアイヌ人による文献が残っていないので、正確な役割は不明のままだ。その跡地のうち保存状態のいい24ヵ所が国の指定史跡になっていて、いまでも堀の跡を見ることができる。

一方で最南端にある城が、沖縄から100名城に選ばれている今帰仁《なきじん》城、中城城《なかぐすくじょう》、首里城だ。

沖縄の言葉で城は「グスク」と呼ばれ、これら3つのグスクを含む沖縄の5つのグスクは世界遺産にも登録されている貴重なものだ。

特に、沖縄本島の北部に位置する今帰仁村にある**今帰仁城**は沖縄でも最大級の城だ。13世紀に築城が始まったというが、その歴史はやはりはっきりしていない。

今帰仁城は標高約100メートルにある難攻不落の城だったが、1609（慶長14）年に**薩摩軍による琉球侵攻で落城**、ついに炎に包まれてしまう。

しかし、その城跡にはいまでも万里の長城を思わせる雄大な石垣を見ることができる。

このように、北から南まで人々が生きた土地にはさまざまな城の歴史が残っているのだ。

上：根室半島チャシ跡群（©1467jp and licensed for reuse under Creative Commons Licence）
下：今帰仁城

26 新発田城のシャチホコは敵の目をあざむく？

西は海、東は山、北は外堀代わりの加治川《かじがわ》から城にかけてが低湿地帯という恵まれた地形に新発田《しばた》城は建っている。豊富な水を堀としてうまく使い、地形的に手薄の南を三の丸でしっかりと守り、本丸を二の丸と古丸（以前の本丸）でぐるりと囲んでいる。一見するとシンプルな造りながらよく考えられた縄張（196ページ参照）だ。

築城は1598（慶長3）年、築城主は初代新発田藩主・溝口秀勝だ。もともと秀勝は、信長の安土城の築城奉行《ぶぎょう》も務めた丹羽長秀の家臣で、豊臣秀吉時代に新発田城主になり、関ヶ原の戦いでは徳川家康について勝利したというから相当の世渡り上手だったと思われる。溝口氏は、関ヶ原の戦い以前から明治維新までこの領地を守り切った非常にまれな一族なのである。

しかしまれといえば、新発田城の屋根の上にいる3尾のシャチホコだ。普通は2尾一対のものなのにどうして3尾なのだろうか。

新発田城の御三階櫓

シャチホコがあるのは、実質天守の役割を果たしていた本丸の御三階櫓《やぐら》である。屋根がT字型になっており、その3点に1尾ずつシャチがいる。見る角度によって見える2尾のシャチホコも変わるため、**シャチホコは2尾一対と思っている敵は混乱に陥る**といわれている。

混乱に陥る要因には、本丸が五角形であることも関係している。2尾のシャチホコによって本丸を四角形と思わせる効果もあるからだ。つまり**3尾のシャチホコと五角形の本丸は、二の丸まで迫ってきた敵に本丸の位置や道の方向などを錯覚させる巧妙なトリック**だったのだ。

この城の完成までには、溝口氏三代が約50年をかけたといわれている。

27 城として歴史に登場した寺がある？

愛知県名古屋市の北東部に位置する竜泉寺。その仁王門をくぐると正面に見える本堂には、本尊として馬頭観音が祀《まつ》られている。厄除けや開運にいまも多くの人が訪れる寺だ。ところがこの竜泉寺は、奇妙なことに**寺ではなく「城」として戦国の歴史にたびたび登場している**のだ。

城と寺といえば、滅んだ城の跡地に寺や神社が建てられるというケースが多い。ところが、この竜泉寺は弘法大師によって開かれたともいわれるほど歴史は古い。つまりこの地には、**城よりも寺が先に建てられていた**のだ。

さらに、竜泉寺が城として使われた最大の理由はその立地にある。高台にあった竜泉寺からは濃尾《のうび》平野を一望することができ、また庄内川や崖など天然の防壁にも囲まれていて、この竜泉寺には**簡単に攻め入ることができなかった**のだ。

また広い本堂は本陣として、鐘は合図として使うことができるなど、寺の施設にはそ

竜泉寺城の模擬天守（左）と竜泉寺部分（上）。奥の方に天守が少しだけ見える。（写真提供：「愛知県の城と今月の名古屋城」stanaka's son）

のまま戦闘に使うことのできるものが多かったことも理由として考えられる。

この竜泉寺を初めて城として使ったのは織田信長の弟、信行である。1556（弘治2）年、信行は兄の信長に兵を挙げて争ったものの敗戦、竜泉寺城は廃城となっている。

そして再び1584（天正12）年の小牧・長久手の戦いで竜泉寺は登場する。このときは豊臣秀吉がここに布陣し、小幡《おばた》城の家康と対峙したというエピソードが残されている。

秀吉は防御を固めるために一夜にして寺の周囲に堀を巡らしている。竜泉寺にはその空堀がいまでも**「一夜堀」**として残っている。

28 隠密にさえ正体を見せなかった城がある？

江戸時代、幕府は各地の城に隠密《おんみつ》を送り、その全貌を探らせようとした。もしも戦になれば、敵の内情を知ることが勝利への近道だからである。隠密はそのために活躍していたのだ。

ところが、その**幕府の隠密が全体像をなかなか把握できない城があった**。愛媛県宇和島市にある宇和島城だ。いったいどんな形をしているのかがわからない不可思議な城である。なぜ、隠密は城の形をつかめなかったのだろうか。

じつはこの城には、巧妙にしかけられた視覚的トリックがあるのだ。

宇和島城は１５９７（慶長２）年、藤堂高虎が以前からこの地にあった城を改修して自分の居城としたものだ。立地条件が海際という独特なもので、外郭は珍しいことに五角形をしている。

現在は埋め立てられて陸地に囲まれているが、築城当時の宇和島城は海沿いに造られ、

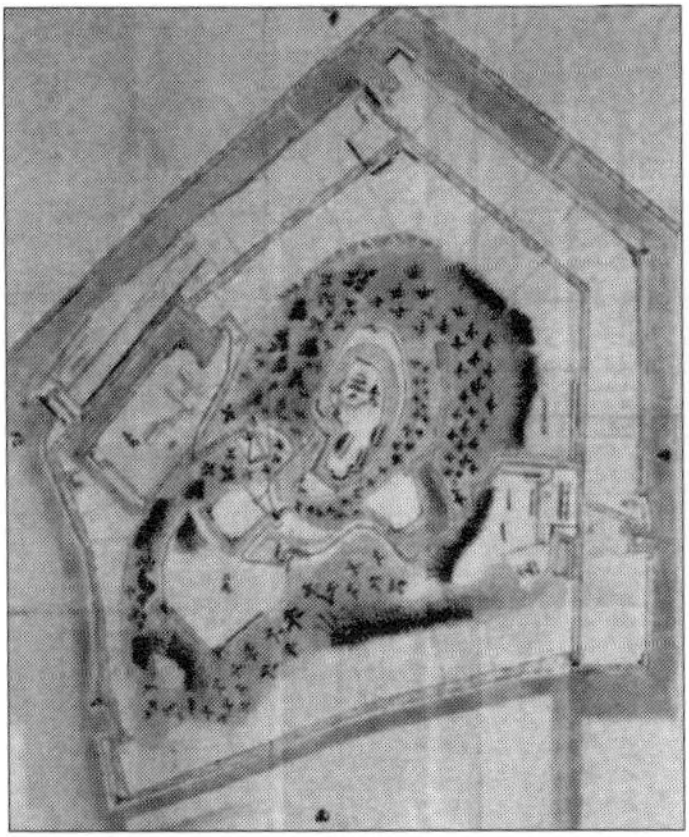

上：藤堂高虎
左：宇和島城の縄張を描いた図。上空から見ると五角形なのがわかるが、地上から見ると四角形に見える。

海によって守られていた城だった。五面のうち北面と西面が海に面し、残りの三面は堀に囲まれており、堀には海水が引き込まれていた。

そして、この城にひそむ視覚的トリックは、その五角形の外郭にある。

この城の五角形は正五角形ではなく、**2本の辺だけが長い変形型**だ。そのため、**地上から見ると、四角形にしか見えない**。四角形だと思い込んで攻め込もうとすると、どうしても**「ないはずの一辺」**があって混乱する。それを目論《もくろ》んでこのような形にしたのだ。

藤堂高虎といえば、武将としてだけでなく築城名人としても知られ、江戸城や名古屋城の築城にも関わっている。このような独創的発想はお手のものだったのである。

29 海のなかに孤立している天守があった？

豊臣秀吉より讃岐《さぬき》の地を与えられた生駒親正《いこまちかまさ》が讃岐統治の拠点に選んだ場所が、現在の高松市玉藻《たまも》町である。かつては「野原」と呼ばれていた小さな港町を「高松」と名前を変え、そこに城を造ったのだ。築城は1588（天正16）年から始まり、およそ2年で完成に至っている。

高松城は、なんと海に浮かぶ島を利用したもので、堀を流れるのは瀬戸内の海水である。このような城のことを**「海城《うみじろ》」**もしくは**「水城《みずじろ》」**と呼び、高松城は近世城郭初の海城なのだ。ちなみに「日本三大水城」といえば、この高松城と愛媛県の今治《いまはり》城、大分県の中津城だ。ほとんどの海城が海岸の埋め立てなどで海城らしさをなくしているなか、いまもその面影を残している城として高松城は貴重な存在とされている。

外堀こそ埋め立てられてしまっているが、本丸と二の丸を囲む内堀と、三の丸、西の丸などのある中堀からは往時の様子がうかがえる。

現在の高松城

また、特徴的なのは**天守が建っていた場所**だ。**二の丸から「鞘橋《さやばし》」という木橋一本でつながった離れ小島にぽっかりと建っている**のだ。いざというときはその橋桁《はしげた》を外して、内堀のなかで本丸だけが孤立するようになっている。

残念ながら、現在はその離れ小島には、天守台は残っていない。明治の初頭までは、生駒氏の後に城に入った松平頼重（徳川光圀《みつくに》の兄）が１６７０（寛文10）年に改築した天守があったのだが、１８６９（明治2）年に解体されてしまった。

現在玉藻公園は、国の史跡指定を受けているため、資料不足を理由に復元が認められていない。しかし、海に浮かぶ天守を望む声は大きくなっている。

30 城下町より低いところに城があった？

1554（天文23）年、もともとは武田信玄の軍師である山本勘助の縄張りだった場所を信玄が占領したことが小諸城《こもろじょう》の始まりとの説がある。そして1590（天正18）年に入城した仙石秀久《せんごくひでひさ》によって大改修が行われ、いま伝えられているような城郭構造や石垣が築かれた。

最大の特徴は、本丸が城下町より低い位置にあることだ。普通、本丸は城郭構造の一番高い位置にあって見晴らしの良さを生かして敵を攻撃するものだが、小諸城は城郭構造自体が町より低く、天守でさえ城下町を見下ろせないような造りになっている。

一見、不利と思われる谷間の城だが、その地形ゆえに守りの固い城だったことがわかっている。

小諸城の周辺は、浅間山の**火山灰台地特有の深い浸食谷**に囲まれている。城の両側は南北に走る深い谷で遮られ、西には急流を誇る千曲川があり、守るべきは東のみという

左：いまも残る小諸城大手門
下：二の丸付近を横から見た図「二之御丸御矢倉南向五拾分一之図」

状態ができあがっていた。

そのため西の千曲川を背に本丸を築き、二の丸、三の丸と東に向かって徐々に下位の曲輪《くるわ》を配置している。

特に二の丸はひょうたんのくびれのように狭くなっており、そこに**複雑な屈曲などを造って大軍が一気に押し寄せられない工夫を施している**。また、南北の谷側には**空堀を数個ずつ掘り、徹底的に敵の侵入を防いでいる**。

このようなすり鉢状の構造は、城塞都市として優れていたフランス・パリの町並みと似ている。小諸城は、規模こそ小さいが機能的にはパリと同じように理にかなった、しかも自然をうまく活かした天然の要害だったのである。

31 久保田城が「もっとも地味」な理由は？

ＪＲ秋田駅の北西約７００メートルの場所にあるおよそ16万ヘクタールの千秋公園は久保田城があった場所だ。

築城主は、１６０２（慶長７）年に常陸《ひたち》の国（現在の茨城県周辺）から出羽の国（秋田）にやってきた佐竹義宣《よしのぶ》である。久保田城の築城は翌年から始められ、１６３１（寛永８）年頃に城下町までの整備を完成させている。

かつての縄張（１９６ページ参照）は、千秋公園一帯の水堀で囲まれた中心部になっており、その外側を三の丸と水堀が取り囲む構造になっていた。城壁は高く険しく、堀は広く、本丸へのルートも屈曲や枡形空間《ますがたくうかん》（２０６ページ参照）を連続させた入り組んだ造りになっていることなどから、その厳重さがうかがえる。

しかし、この城は、**「もっとも地味な城」**といわれている。理由は、土塁と水堀を主体としており、天守もなく、石垣がほとんど使われていないことが挙げられる。石材は、

久保田城本丸跡。現在は公園になっている。（写真提供：裏辺研究所）

入口や土塁の内側の基礎部分に2〜3段積まれているのみだ。

もともと佐竹氏は土造りの城に居住しており、石垣普請が得意でなかったからといわれているが、**財政難**だったという説も有力だ。そもそも常陸の国の戦国大名だった義宣が秋田入りしたのは、いまでいうところの〝**左遷**〟なのだ。

義宣は、あの天下分け目の関ヶ原の戦いであえてどちらにもつかない中立の立場を貫いた。それがもとで、佐竹一門の所領は没収され、出羽の国へ飛ばされた。

蓋を開けてみれば常陸時代の54万石余りから大減額され20万5800石だったというから、財政難だったことは否めないだろう。

32 岡山城の天守は階ごとに形が変わる？

豊臣五大老の1人である宇喜多秀家《うきたひでいえ》が1597（慶長2）年に築いた岡山城は、本格的な近世城郭として西国屈指の城だ。天守の外壁に黒塗りの下見板を張っているため全体に黒い色をしていることから「烏城《うじょう》」または金のシャチホコがあったことから「金烏《きんう》城《じょう》」とも呼ばれていた。

特徴は、その天守にある。一見するとよくわからないが、二層の建物を2つ重ねた上に二層の望楼部を乗せてあり、**三層6階**の設計となっている。この構造は、岡山城のほか熊本城に見られる非常に珍しい構造といわれている。また、内部に城主が生活をしていた「城主の間」があり、天守としては異例な造りになっている。

もっともユニークなのは、**天守台が不等辺五角形**であることだ。五角形の天守台は、全国にここにしか存在しない。

天守台といえば四角形であり、天守の内部の各階はほぼ同じ四角形の平面を持ち、上

戦前の岡山城

に行くにつれて徐々にその四角が小さくなっていくものだが、岡山城の天守は、1〜6階まですべて異なった平面をしている。なぜなら、それは**天守台に合わせて1階部分を五角形に造ったのに、上に行くにつれて徐々に四角形に修正している**からだ。

明治に入って、本丸御殿や櫓《やぐら》、門は壊されてしまったが、この珍しい天守だけは壊されることなく昭和初期までその姿を残し、国宝にも指定された。

しかし、1945（昭和20）年の岡山大空襲で焼失してしまった。現存する天守は、1966（昭和41）年にコンクリート工法で再建されたものだ。

33 丸亀城の日本一の石垣にまつわる悲劇とは？

丸亀城は、1597（慶長2）年に生駒親正《いこまちかまさ》が築城し、1641（寛永18）年にこの地に入った山崎家治《いえはる》による大がかりな改修を経て1658（万治元）年からこの地を治めた京極高和《きょうごくたかかず》が明治維新まで居城とした城だ。

香川県丸亀市の市街地南方にある標高66メートルの亀山にそびえ建っている、「総高日本一」といわれるみごとな石垣が自慢である。

内堀の外から天守のある山頂までの比高は約60メートルあり、裾野から4層の高石垣が力強く、そして美しく重なっている。上から裾を広げるような曲線美を描く石垣は**「扇の勾配」**と呼ばれ、すぐれた石垣職人たちの技術の賜物《たまもの》だ。

特に三の丸北側の石垣は、およそ22メートルもあり丸亀城のなかでももっとも高い。仰ぎ見れば50メートルも上へと連なるその石垣構成は圧巻というほかはない。

しかし、この石垣造りの陰で起こった1人の職人の悲劇も伝えられている。

職人の名前は羽板重三郎という。石垣造りの名人と呼ばれた重三郎の仕事ぶりを家治も認め、石垣の完成度の高さを**「空を飛ぶ鳥以外に、この城壁を乗り超えられるものはあるまい」**と言って褒めた。ところが重三郎は何を思ったか、「私ならできます」と、**鉄の棒を石垣に差し入れながら軽々と城壁を登ってしまった**のだ。

丸亀城の石垣の勾配（上）と二の丸井戸（下）
（写真提供：田中敏幸）

家治は、この者が敵に通じてしまったら大変なことになると、重三郎を言葉巧みに井戸の底に立たせ、**上から石を落として殺してしまった**という。

その井戸は、直径約1・8メートル、深さ約65メートルで日本一深い井戸といわれている。そしていまも城内二の丸にあり、水を湛えている。

34 日本にも「万里の長城」がある？

盛岡城、会津若松城とともに〝東北3名城〟のひとつといわれる白河城は、土造りが多かった東北地方では数少ない石垣造りの城であった。

そして、その石垣は蛇のように長く延ばされ、城の堅固な守りの象徴ともなっていた。あたかも**万里の長城**のように長大な石垣であったと伝えられているが、なぜこの地に鉄壁の石垣が造られたのだろうか。

白河城の始まりは遠く南北朝の頃といわれているが、城の顔ともいえる石垣が造られたのはその後江戸時代になってからだ。大規模な改築工事は、江戸幕府2代将軍の徳川秀忠に命じられて白河藩の初代藩主となった丹羽長重《にわながしげ》の手によって、1632（寛永9）年に行われたものだ。

その改築にあたって、幕府はこの**白河城を関東の背後を固める城**として重要視した。なぜならこの白河城のある福島は〝奥州の玄関口〟ともいえる位置にあったからだ。奥

現在の白河城。櫓などの建物は再建されているが、場所によっては荒れた姿を見せている。（写真提供：裏辺研究所）

州には仙台藩の伊達家をはじめとして、力のある大名が多かった。**幕府は彼らににらみをきかすため、威厳と鉄壁の守りを兼ね備えた城が必要だった**のだ。

この白河城は、江戸幕府が終焉を迎えた1868（明治元）年の戊辰戦争では激戦地のひとつとなった。北陸や東北の諸藩からなる同盟軍と新政府軍との攻防がこの白河城を舞台に繰り広げられ、多くの犠牲者を出した末に落城、石垣を残して焼失してしまったのだ。

平成になってから建物を木造で復元し、長く延びた石垣はその姿から〝蛇尾《さび》の石垣ライン〟と紹介され、現在でもその名残を見ることができる。

35 石垣のなかにさかさになった地蔵がいる？

数百年の時を経ていまもなお、芸術作品のように見事に積まれた石垣を見ることができる城もある。ところが、その石垣のなかにあろうことか**地蔵がさかさまの姿で埋め込まれている**城があるのをご存じだろうか。

奈良県大和郡山市にある大和郡山城《やまとこおりやま》は、1580（天正8）年、織田信長に仕《つか》えた筒《つつ》井順慶《いじゅんけい》によって築城が始められている。その後、1585（天正13）年に豊臣秀吉の弟である秀長が城主となり、大和郡山城の大改築に取りかかっている。

大和・和泉・紀伊の100万石の地を治めることになった秀長は、それにふさわしい巨大な城を夢見た。そこで新たに城を築くほどの大がかりな工事を行ったのだ。

大和郡山城には新たに高層の天守や本丸、そしてさまざまな建物が次々と造られていく。ところがこの大和地方は石材に乏しい土地だった。そのうえ、この大規模な工事でとうとう**石垣に使うための石が足りなくなってしまう**。

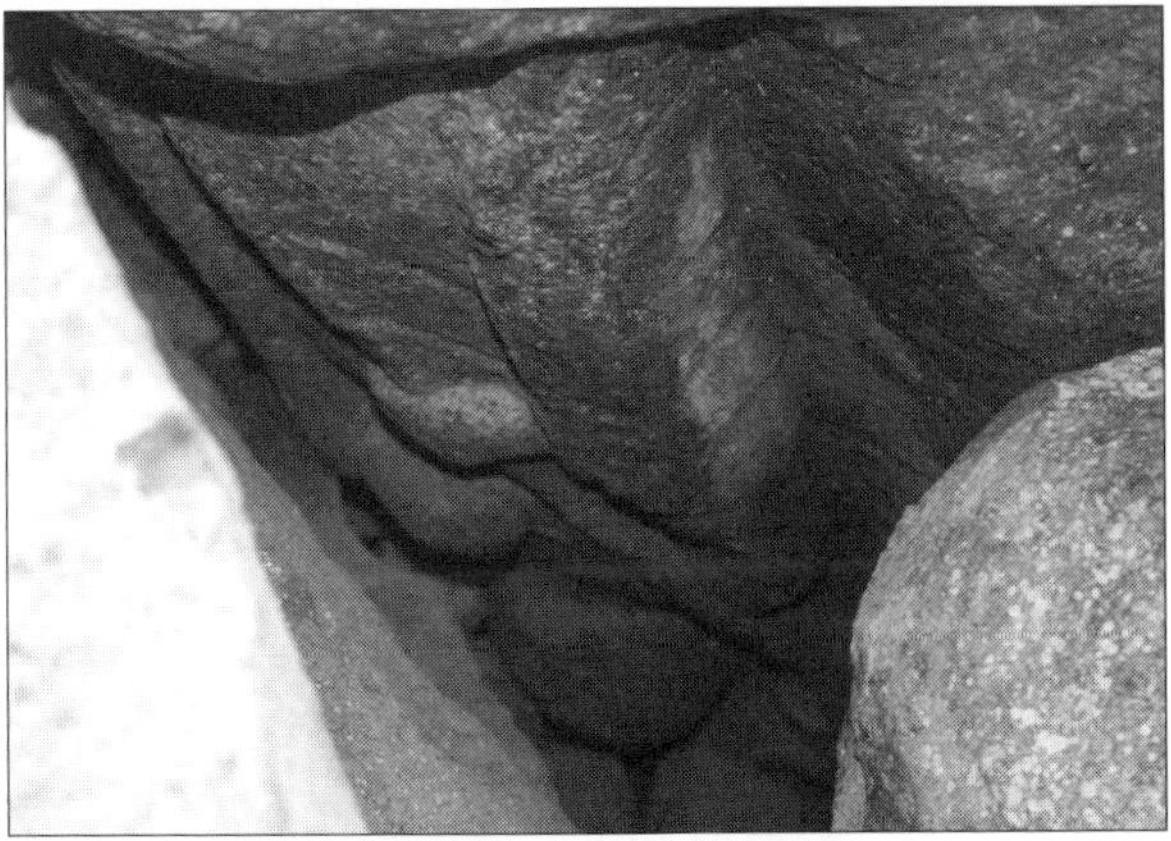

さかさになった地蔵（写真提供：あの頂を越えて）

そこで、付近の寺院から石地蔵や庭石、五輪塔などが急きょ集められ使われることになったのだが、そのときに石垣造りに使われた地蔵が、天守台の石垣にさかさに組み込まれたままいまも「さかさ地蔵」として残っているのだ。

このように周辺の村や寺社の石仏や墓石が石垣など城造りに用いられることを「転用石」といい、織田信長やその家臣の築城においてたびたび利用されている。

ちなみに、秀長の築いた**天守は現存しておらず、地震で倒壊してしまったとも伝えられている**。

これも天守台に使われてしまった「さかさ地蔵」の怨念なのだろうか。

36 遊郭になった城があった？

武士の世の象徴でもある城が、なんと遊郭になってしまったという史実が残っているのをご存じだろうか。

長野県上田市にある上田城は、真田昌幸《まさゆき》により1583（天正11）年に築城されている。この上田城は、名将として名高い真田昌幸が2度にわたり攻め込んできた徳川の大軍を退けた上田城の戦い（124ページ参照）でも有名で、「好きな城ランキング」では必ず上位に顔を出すほどの名城だ。そんな武勇名高い上田城が、遊郭《ゆうかく》になってしまったのである。

明治政府は1873（明治6）年に**廃城令**を出し、全国に残る城の取り壊しを命じている。そこには、徳川幕府の支配の象徴ともいえる城を取りつぶすことと、そして城自体が明治政府に反発する旧士族の反乱の拠点にならないようにという意図があったのだ。

また、城のなかには敷地ばかりか建物が**民間に売却**され、移築されてそのまま使われることになったものもあった。

北櫓と南櫓は民間に払い下げられた後、つなぎ合わせて遊郭として利用された。上の写真はさらにその後民家になった頃（昭和18年頃）のもの。

そしてこの上田城の本丸に7棟あった櫓《やぐら》のうち2棟が市内の遊郭に払い下げられ、**移築された櫓が遊郭の建物として使用された**のである。

移築された城に一般人が住むというばかりか、遊郭として使われたなどというケースは全国にも類を見ない。

ちなみに、その後2つの櫓は市民運動で買い戻され、再び上田城に移築されている。たび重なる戦乱からやっとの思いで城を守った真田家の人々も、さぞ安心したことだろう。

そして現在も、再建されたほかの建物とともに上田城跡公園のなかに見ることができる。

37 信長の命令で行われたスピード築城とは？

明智光秀が本能寺の変で主君の織田信長を裏切るのは誰もが知る史実だ。その謀反の直前に、皮肉にも当の**信長の命令により〝超スピード工事〟で造った城がある**のをご存じだろうか。それが、京都府福知山市に建てられた福知山城だ。

当時、福知山には室町時代から残る簡素な横山城があったが、丹波地方を攻略した光秀は、1579（天正7）年に信長の命で徹底的に改築している。

それまでにも比叡山麓の坂本城や丹波亀山城などを築城してきた光秀の城造りには定評があった。光秀はそのノウハウを活かして、福知山城にも堅い守りと、得意の鉄砲戦が存分に展開できるように考え抜いた設計を行ったのである。

とはいえ、あのせっかちな信長の命令で始まった城造りだけに工事に時間はかけられない。そこで、天守台の石垣には自然石を加工せずにそのまま積み上げる「野面《のづら》積み」「乱石積み」という大胆な手法が採用されている。さらに、石垣の材料として墓石や石仏まで

福知山城の石垣。あらゆる形の石が使われている。（©663highland）

も利用するという急ぎようだった。いまも残る福知山城の石垣には、実際に墓石が組み込まれているのを見ることができる。

そんな光秀の苦労の末に、二重の堀と三層の天守をそなえた重厚な福知山城が完成したのだ。ところが、光秀は1582（天正10）年に本能寺の変を起こし、追い詰められて自害してしまう。**福知山城が光秀のものであったのはわずか3年ほどでしかなかった**のだ。

一方で、福知山城は明治時代の廃藩置県により一度は取り壊されてしまうが、1986（昭和61）年に再建。福知山市中心部にそびえる天守は、街のシンボルとしていまも人々から親しまれている。

38 山内一豊は影武者と一緒に城を建てた？

関ヶ原の合戦の後、家康に味方した大名たちは、その働きに応じて全国各地で領土を手に入れることになった。そして、与えられた土地に新たな藩主として赴《おもむ》き、統治していった。

新しい土地とは当然、豊臣家側につき西軍として戦った以前の領主たちから奪った土地になる。それまでの藩主を慕う土地の人々が、急にやってきた後任の藩主にいい顔をしないのは想像にたやすいところだ。

そんな反発心が特に強く、新しく築城する工事現場を見回るのにさえ、**藩主が影武者を用意しなくてはならないほど危険な城**があった。山内一豊と、夫を内助の功で支えた一豊夫人の千代とのエピソードはたびたび小説やドラマにもなるほど有名だが、じつはその山内一豊が築いた現在の高知県高知市にある高知城がそれだ。

1601（慶長6）年、高知平野の中心に位置する大高坂山に建てられた高知城は、

高知城天守と山内一豊（右上）

高い山頂部を本丸とし、また山自体は土佐湾に流れ込む鏡川と堀でぐるりと囲まれているという理想的な環境にある。

ところが川が氾濫しやすく、けっして簡単な工事ではなかった。さらに一豊を悩ませたのが、それまで四国を治めてきた**長宗我部元親《ちょうそかべもとちか》への根強い支持**だった。

工事現場で人々を励ますために一豊も現場に足を運んだが、長宗我部の浪人たちに常に命を狙われる危険があったことから、自分と同じ服装をさせた影武者をともなって見回っていたのである。

天守と本丸御殿が一緒に現存する珍しい城として人気の高知城だが、その美しさに反して築城には苦労が絶えなかったというわけだ。

39 国会議員が建てた城がある？

三重県伊賀市にある伊賀上野城の天守には、ある国会議員の銅像が建てられている。いったい、どのような理由でその議員の銅像が天守のなかにあるのだろうか。

上野城は1585（天正13）年に筒井定次《つついさだつぐ》によって築城されている。その後、豊臣家との戦いを考慮した徳川家康の命を受け、1608（慶長13）年に藤堂高虎が大坂攻撃の拠点として建て直したのが現在の伊賀上野城だ。

築城の名手といわれた高虎の代表作のひとつであるこの伊賀上野城は、豊臣氏のいる大坂方面に向かって築かれた高い石垣が特徴的だ。「高石垣」と呼ばれるこの石垣は、現在もその雄大な姿を見ることができる。黒沢明監督の名作『影武者』のロケでこの高石垣が使われたのは有名な話だ。

しかし、天守をはじめとする建物のほとんどは明治時代に出された廃城令により取り壊されることになる。城が高台にあったこともあり、その後も**城の跡地は手つかずの状**

伊賀上野城の大天守と小天守（上）。1935年に建設され、三層3階となっている。
川崎克は銅像となって城に鎮座している（右）。

態が続き、荒れはててしまう。この状況に手をさしのべたのが、当時の衆議院議員だった**川崎克**《かつ》氏だ。

伊賀出身の川崎は史跡保存や自然保護に尽力した人物で、伊賀のシンボルともいえる伊賀上野城の荒廃ぶりを悲しみ、ついには自ら伊賀上野城の再建に着手する。そして1935（昭和10）年、私財を投げうって三層の天守を中心とした**伊賀上野城を再現**したのだ。

その費用には、**所有する貴重な書画や骨董を売却して工面した**というほどの熱の入れようだった。

川崎の築いたこの天守は「伊賀文化産業城」と名づけられ、その功績を称えるべく天守には川崎の銅像が置かれている。

40 五稜郭には死角がなかった？

函館市五稜郭町《ごりょうかく》にある五稜郭は、榎本武揚《えのもとたけあき》率いる旧幕府軍と黒田清隆率いる新政府軍とが激しく戦った、あの有名な戊辰戦争最後の舞台である。それまでの城とは違う、西洋式城郭の代表だ。

1854（安政元）年、日米和親条約が結ばれ、箱館（現在の函館）が開港地として選ばれたことから築かれている。その役割は、欧米列強の軍艦から北の港を守ることであり、城主は江戸幕府である。個人の威厳を誇るような城ではなく、中身は箱館奉行所《ぶぎょうしょ》という役所だ。特徴は、なんといっても美しい五角形だが、どうしてこんな形なのか？

その答えは簡単だ。江戸幕府は、**外国と戦える城郭を目指して洋式城郭を取り入れた**のだ。星型要塞（スター・フォート）と呼ばれるもので、16世紀イタリアで考案・構築された構造といわれている。その後、ヨーロッパから世界に広まったが、当時の日本には未知の構造だったため、書物などを頼りに築城したという。

上空から見た五稜郭

設計を担当したのは、オランダ兵学を学んだ大洲藩士の武田斐三郎《あやさぶろう》という人物だ。斐三郎は、手本としたパリのように町全体をすっぽり収める巨大城郭にしたかったのだが、当時の幕府には予算がなく、奉行所を守る規模にとどめられた。

この星型要塞は、**大砲による戦闘に備え、極限まで死角をなくし、360度どこへでも攻撃ができるように造られている**。ただの五角形ではなく、星型が射撃の死角をなくす工夫だったのだ。

戊辰戦争後、新政府によって行政庁舎として使われ、1871（明治4）年に解体された函館奉行所だが、近年に発掘調査が行われ、2010（平成22）年に復元されている。

41 18禁エリアが存在する城がある？

静岡県熱海市にある熱海城には、ある〝18禁エリア〟がある。知る人ぞ知る人気スポットとなっているが、果たしてその正体とは——。

この熱海城は1959（昭和34）年に建てられたまだ新しい城だ。過去、この場所に城が建っていたというような歴史のある城ではなく、実際は熱海を訪れた**観光客向けの展示館**なのである。

錦ヶ浦の山頂にある熱海城は、海抜100メートルという高さから熱海の絶景ポイントとしても人気がある。その天守は展望台となっていて、晴れた日には遠く房総半島まで見渡すことができる。また地上6階地下1階の城内はちょっとした資料館になっていて、武具や甲冑、各地の有名な城の模型や絵などが展示されている。

さて、その3階に問題の18禁エリアがある。それが**春画展**だ。この秘画展は一見すると浮世絵が並ぶギャラリーのようだが、目を凝らして作品を見てみるとなぜ18禁となっ

上：熱海城
下：春画展（写真提供：熱海城）

ているのかが理解できる。どの絵も描かれているのは着物がはだけるのもかまわずに絡み合う男と女……。そう、ここに集められているのはただの浮世絵ではない、すべて**春画**なのだ。

江戸時代に流行した春画はただ卑猥なだけではなく、専門のコレクターがいるほどその**芸術性も評価されている**。熱海城の春画展にも、葛飾北斎や歌川国芳といった巨匠たちが描いた春画が展示されているのだ。まさに〝秘画〟である。

もちろん館内は撮影禁止なので、見学してきた人たちのブログの記事にも写真を見ることはできない。熱海城に眠る秘画が気になる人は、3階までぜひ一度足を運んでみてもらいたい。

42 ハワイにも日本の城がある？

バカンスを過ごしたい場所として根強い人気を誇るハワイ。そんなハワイに日本の城があるといわれても、すぐには信じてもらえないかもしれない。ところが、ハワイの州都である**ホノルルの中心地**には、なんと立派な日本の城の天守の姿を見ることができる。

ホノルルを訪れた人なら一度は足を運ぶ人気のショッピングセンターが「アラモアナセンター」だ。連日多くの観光客でにぎわうこの巨大なショッピングセンターからも近いペンサコラ通りに、その天守を見ることができるのだ。

城に詳しい人なら、ひと目見てその天守が山内一豊の築いた高知城に似ていることに気がつくに違いない。この城、じつは**マキキ聖城教会**というれっきとした**キリスト教の教会**なのだ。

ご存じの通りハワイへは多くの日本人が移民として渡っている。このマキキ聖城教会も、そんな移民の1人である奥村多喜衛によって1904（明治37）年に開かれたものだ。

マキキ教会堂

そして1932（昭和7）年には天守を模した建物となったが、その外観は奥村牧師が高知県出身であることにちなんで**高知城の天守を模している。**ハワイの青い空をバックに、天守のシルエットはじつに清々しい。

低賃金と過酷な労働で苦しんでいた日本人移民たちを救うべく奥村牧師はハワイに渡り、マキキ聖城教会を開いたという。

高知城の天守の姿をした教会に託した奥村牧師の思いと、真面目で実直な人物であったと伝えられる高知城の山内一豊の面影は、不思議と重なって見える。

三章

城の攻防にまつわる謎

43 小田原城は牛に攻め落とされた？

神奈川県小田原市にある小田原城は、100年近くにもわたって北条氏が本拠地とした城だ。とはいえ、最初から北条氏が所有していた城ではなく、鎌倉時代に土肥一族の小早川氏が創建し、1416（応永23）年からは大森氏の居城となっていた。

東海道の要衝《ようしょう》にあるこの城は、東にも西にもにらみをきかせることができる位置にある。大名の誰もが天下を狙っていた戦国時代、まず関東の足固めをしようとした北条早雲が目をつけたのが、この小田原城だった。

しかし、早雲は大軍を引き連れて真っ向勝負を挑んだわけではない。なんと**牛を使った奇策**に出たのである。いったいどんな攻め方をしたのだろうか。

早雲は、小田原城主の大森藤頼《おおもりふじより》を油断させるため、城を狙っていることなどおくびにも出さず、日頃から彼と懇意にしていた。そして、ある日、「鹿狩りをしていたところ、箱根に鹿が入り込んでしまったようです。勢子《せこ》（手下）を送り込んで鹿を伊豆に追い返

小田原城

牛を従えた北条早雲像

したいのですが」という使者を遣《つか》わす。

藤頼は早雲の言葉をまったく疑わず、了承してしまう。だが、早雲が送り込んだのは勢子に扮した数百人の兵だった。

そして、彼らは夜になってから**1000頭もの牛の角に松明《たいまつ》をくくりつけ、一気に小田原城へと攻め込ませた**のだ。同時に兵たちも城内になだれ込み、待機していた北条の大軍を招き入れる。

何の警戒もしていなかった大森氏は、なす術もなく敗走するしかなかった。この戦は、〝日本三大夜戦〟のひとつと称されている。

こうして小田原城を手に入れた北条氏は、代々にわたって城を堅固にし、大きな城郭を築いていったのである。

44 こやしで敵を蹴散らした千早城の秘策とは？

大阪の南東部にそびえる府内最高峰の金剛山。その厳しい地形を利用して築かれた山《やま》城《じろ》（190ページ参照）・千早城で鎌倉時代末期、**10万以上といわれる幕府軍をわずか数百の兵で撃退した**戦いが繰り広げられた。

「鬼神」と恐れられた武将・楠木正成《くすのきまさしげ》の、**当時の武士の常識をくつがえした**といわれる奇想天外なゲリラ戦法とはいったいどんなものだったのだろうか。

後醍醐天皇の討幕計画に応じて、討幕の旗をあげた楠木正成は自らが築いた千早城に立てこもり、幕府軍に抵抗を続けた。

10万以上ともいわれる軍勢で千早城を取り囲んだ幕府軍は、「正成め、この小さな城で何ができよう」と、誰もが自軍の圧勝を信じて疑わなかった。ところがこの千早城は、三方を谷に囲まれた難攻不落の要塞だったのだ。

楠木軍は幕府軍を引きつけて、山をよじ登って襲いかかってくる敵に次々と丸太や巨

千早城跡

大な岩、そして**〝こやし〟までも投げつけて谷底にたたき落としていった**。

また、幕府軍は巨大な梯子《はしご》を使って攻略しようとしたが、それに対して**楠木軍は水鉄砲で油を浴びせ、火をつけて梯子もろとも焼き落とした**。

しかも、千早城には二重の城壁が築かれており、敵軍が外側の城壁をよじ登るのを待って、**壁もろとも一気に崖下につき落としてしまった**のだ。

こうしておよそ**3ヵ月の間、楠木軍は幕府軍の攻撃をしのぎきり、ついには撤退させることに成功した**。正成の手段を選ばないゲリラ戦法を前に、一対一で正々堂々と戦ってこそ武士、という当時の常識はもろくも崩れ去ったのだ。

45 城攻めはどうやっておこなわれた？

城は一国の中心であり、戦略拠点でもある。だからこそ、城を落とすということは攻め手にとっては意義深いことでもある。ところで城に攻撃をしかけることを「城攻め」というが、いったいどんな攻め方があったのだろうか。

まずは**「力攻め」**。これは兵力をもって城を落とすことだが、力を振りかざすだけの愚策と見られていたようだ。そのほか、城内の防衛が整っていないうちに攻撃するなど、隙《すき》を狙って攻める**「奇襲」**、城を取り囲んで相手を弱らせる**「包囲」**といった方法が見られた。

なかでも「包囲」は攻める側の策略も必要とされる方法で、**「兵糧《ひょうろう》攻め」**がよく知られる。食料、武器などの補給を断つ方法で、豊臣秀吉が三木城をはじめ鳥取城、高松城などを攻略する際に行っている。

ちなみに、城の飲料水を断つ方法を「干殺《ひごろ》し」という。城に水を引き入れる水源を断てば、断水状態になるが、このように生命にかかわる食料や水を断つ方法は、敵の抗戦意欲も失わせる戦法なのだ。

次に**「水攻め」**だが、これは河川を堰《せ》き止めて、城の中を水浸しにする。**「火攻め」**は火のついた矢を放ち、焼き討ちにすることだ。しかし、包囲戦が長引いては自陣の兵も疲労する。

さらに怖いのは、城側の援軍が押し寄せ、挟み撃ちにあうことだ。それを避けるためは敵城内に内通者をつくって、城内に火事を起こさせたり、扉を開けさせたりするなど、効率的に攻め入る策が講じられた。

兵力さえあれば、城を落とせるとは限らない。相手の情報を知り、味方の損害を最小限にするには知恵と判断力がものをいうのだ。

原城での戦いを描いた「島原合戦図屏風」（部分）。
城塁を幕府軍が登っていく様子が描かれている。

46 敵が侵入してきたらどう攻撃した？

本丸に攻め込まれれば落城、というだけに、どの城も曲輪《くるわ》（194ページ参照）をうまく配置し、簡単には本丸に到達できない工夫を凝らしている。

さらに、万が一敵が侵入してきた場合は、長い距離を踏ませたほうが撃退するチャンスも増える。そのための工夫が、**らせん状の通路を設ける**ことだ。

香川県にある丸亀城は、そんならせん状の通路を持つ城として有名だ。城を取り囲むように造られた堀を渡ると、時計回りに石垣が積まれているために侵入者はくるくると城の周囲を回ることを余儀なくされる。

三の丸、二の丸、本丸を守る高い石垣は60メートルもある扇型勾配で、簡単には登れない。そのため進んでくる敵を待ち構えたり、背後から攻撃をしかけることも可能だ。

兵庫県にある姫路城もまた、天守のある姫山を中心に反時計回りに曲輪や堀が配置され、**なかなか本丸にたどり着けない構造**になっている。しかも通路を見下ろす壁には

「狭間《さま》」と呼ばれる穴が開いており、鉄砲や弓で攻撃できるようになっていた。

　さらに、江戸城も同じく墨田川を基点とする外堀から内堀にかけてらせん状に造られていた。しかしこちらは敵を攻撃するというよりは、風水に拠《よ》った町づくりのためともいわれている。風水による町づくりには「四神相応」が最適といわれており、江戸はこれにぴったりと当てはまったのだ（22ページ参照）。

　ちなみに、敵の直進を妨ぐため、城下町の道が見通しのきかない鍵の手型に造られることもよくある。

　たとえば山口県萩市には、今も「鍵曲《かいまがり》」と呼ばれる道が残っており、それは塀で囲み、見通しを悪くして、敵を追い詰めるための工夫なのである。

姫路城の狭間（上）と萩の鍵曲（下）

47 金沢城は「戦う美城」だった？

「加賀100万石《ごく》の大名」とは、金沢城の2代目城主、前田利家《としいえ》のことである。利家が1583（天正11）年に築城主の佐久間盛政から城を引き継いで以降、前田家は明治維新まで代々金沢城の城主だった。

利家は、先進的な築城術を身につけていた高山右近を呼び寄せ、100万石の大名にふさわしい近世の城郭として、随所に当時の知恵を活かしている。

たとえば**海鼠塀《なまこべい》**だ。伊豆の松崎や下田あたりで見られる海鼠壁と同様に、壁面に四角い平瓦を並べ、継ぎ目を白い漆喰《しっくい》で固めたもので**防火、保温、防湿に優れていた**。

しかし金沢城の場合は海鼠壁ではなく海鼠塀という。いったい何が違うのか？

じつは、海鼠塀にはかなりの厚みがあり、空洞の内部に小石を詰めた構造になっている。敵の砲弾が貫通しないうえ、たとえ穴が開いても自動的に小石が上から落ちて穴をふさぎ、簡単には崩れないというわけだ。

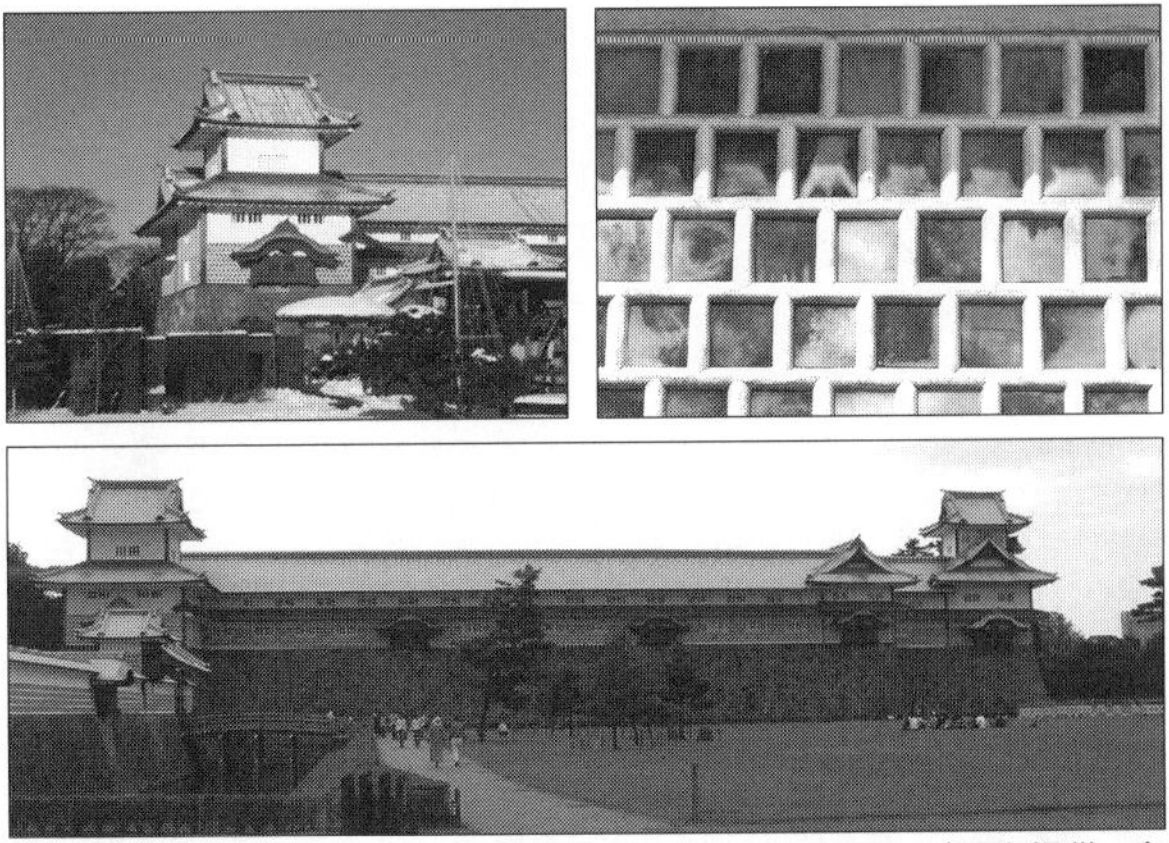

左上は金沢城天守閣、右上は海鼠塀、下は五十間長屋。（写真提供：裏辺研究所）

また、外からは海鼠壁に見えるが、内側から瓦を一枚割れば、そこから銃を打つことができる**隠し狭間**《はざま》などもあった。

窓の並びにも工夫がある。二の丸と三の丸の境となっている**五十間長屋**の窓は、本丸に近い側の窓は美観を重視し、上下2段が揃った位置にあるのに対して、敵を見張る側は、死角ができないように上下の窓の位置を互い違いにずらしている。

ほかにも石垣を登ってくる敵に対し、床が開いて石を落として撃退する**出窓式石落とし**、軍備倉庫でもあった**三十間長屋**、木型に鉛を貼って有事の際には鉄砲玉にしたと伝えられる**鉛瓦**など、ほかにはないしかけがあった。

48 松江城は一斉射撃ができる城だった？

山陰地方に唯一残っている城郭《じょうかく》である島根県松江市の松江城は、天守の屋根がまるで千鳥が羽を広げた姿のように優美で堂々としていることから、「千鳥城」とも呼ばれる名城だ。築いたのは出雲・隠岐《おき》24万石の領主となった堀尾吉晴である。

この地にはもともと富田城という山城があった。しかし、富田城はかなり古く使い勝手が悪かったので、新たに松江城を築き、1611（慶長16）年に完成させた。

この松江城には、美しいというだけでなく、もうひとつ際立った特徴がある。それは、**戦争になったときのことを想定**し、城の各所にいろいろな工夫がなされていることだ。

まず城全体の構造を見ると、本丸を二段、三段の細長い曲輪《くるわ》（194ページ参照）が囲み、さらに南側にある二の丸がふたつに分かれるという珍しい構造になっている。特に東側の二の丸の下の段に向かって、**何段もの段差を造っている**のが特徴的だ。

じつは、これは**鉄砲の使用を考えての構造**である。つまり、各段に鉄砲隊を配置して、

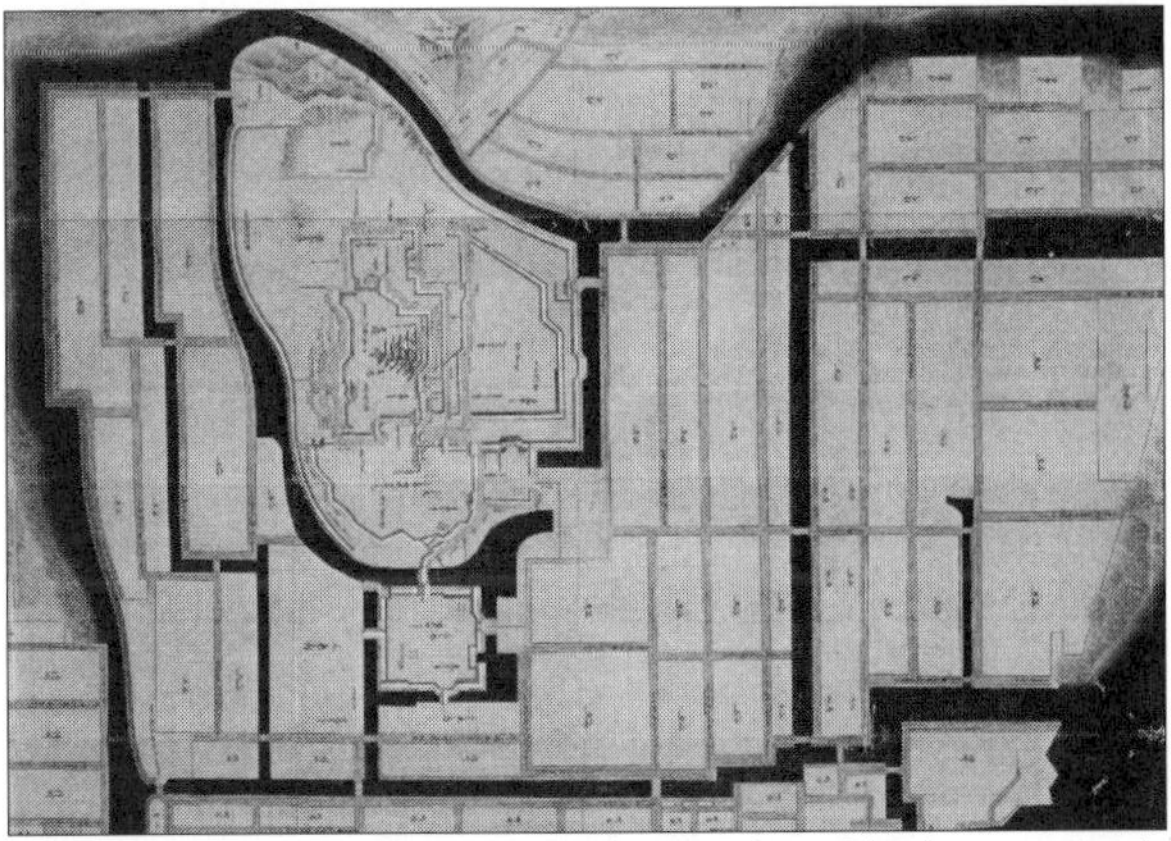

松江城図を見ると、本丸を細長い敷地が囲む珍しい形になっていることがわかる。

立体的な攻撃ができるようにという工夫なのだ。

　ほかにも、天守を〝望楼型〟という形式にしてさまざまな方向への弓や鉄砲での攻撃を可能にする、籠城に備えて天守台の石垣内部を食糧保存用の貯蔵庫にするなど、戦争のさまざまな局面を意識した造りになっているのだ。

　また、三の丸を堀で囲んで独立させることで、兵士の機動力を高めているともいわれる。

　見た目は優美で、松江の街並みと溶け合って美しい印象のある城だが、じつは戦が始まれば、その優れた機能性を発揮して戦いを有利にする、いわば戦のための城なのだ。

49 松江城は籠城戦のための城だった？

山陰唯一の天守があることで知られる松江城は、1611（慶長16）年に堀尾吉晴によって築かれた。全国に現存する12天守のひとつで、天守の大きさ（平面規模）は2番目、高さは3番目、古さは6番目である。

外観五層、内部六層で、牛蒡《ごぼう》積みと呼ばれる一見粗雑そうでいてじつは頑丈な石垣と黒塗りの下見板によって重厚な印象があり、実戦本位の武骨さはあるものの、桃山時代の荘重《そうちょう》さと優美さも備えている魅力的な城だ。

この天守には戦国の動乱を生き抜いた吉晴らしい工夫がみてとれる。それは城に立てこもる籠城戦への備えである。もちろん天守から攻撃することを想定し、**あらゆる場所から弓や鉄砲を撃てる**よう工夫がされてもいたが、なんと**天守内部に井戸を設置していた**のである。

吉晴は若くして羽柴秀吉（後の豊臣秀吉）に仕《つか》え、戦で功績をあげ、加藤清正と並び

松江城の天守にある井戸（写真提供：端 和広）

城普請《しろぶしん》上手といわれた武将である。

そんな吉晴は地下に貯蔵倉庫を設け、そこに米や塩など籠城用の生活物資を貯蔵し、中央には深さ24メートルの自然石積みの**円形井戸を掘り、重要な飲料水を確保していた**のだ。

しかし、堀尾氏は子供に恵まれなかったためわずか3代で滅亡してしまう。

１６３８（寛永15）年には松平直政が入城し、以後10代にわたって松平氏の居城として明治維新まで利用された。

明治に入って城内の建物は次々取り壊されていき、天守も米１００俵で売却されるところを有志の保存運動によって救われいまに至っている。

50 米があったのに籠城に失敗した城がある？

1576（天正4）年、上杉謙信は、越中を次々と平らげ、能登《のと》半島を目指していた。そのときに標的となったのが**七尾城**《ななおじょう》だ。

七尾城は正長年間（1428～29年）に畠山満慶《みつのり》が着手し、7代目の義総《よしふさ》のときにほぼ完成したとされる。標高350メートルの松尾山に築かれたこの城は、東西を川が流れて天然の堀を形成し、山頂の本丸までは険しい道のりが続いていた。天然の要害に囲まれ、屈指の山城とされていたにもかかわらず、どうして七尾城は落ちたのだろう。

謙信が攻め込んだ1577（天正5）年頃、たしかに七尾城内は混乱していた。前の城主が家臣に毒殺され、わずか**5歳の春王丸**《はるおうまる》**が城主となっていた**のだ。籠城策《ろうじょうさく》をとったものの、城内に疫病が流行《はや》り、春王丸も亡くなってしまったのである。

とはいえ、さすがの謙信も七尾城攻略にはてこずり、籠城戦は1カ月以上にも及んでいた。そんなとき、謙信に総攻撃の決意をさせたのが**「白米作戦」**だ。

七尾城址に残る五段石垣

籠城戦にまつわるエピソードのひとつに、白米伝説というものがある。これは、**城内の水不足を悟られないように、敵から見える場所に白米を流して水に見せかける**という方法だ。

七尾城でもこの白米作戦をとったが、滝に見える流れに**鳥が群がってついばみ始めたた**ため、謙信はこれが水ではなく米だと感づいたという。水がなければ、兵の体力も落ちているはずだ。そこで、一気に攻め込んだというわけである。

謙信は城内に内通者もつくっており、内部からの寝返りもあった。だが、敵を欺くために行った白米作戦が、七尾城陥落のきっかけをつくったというのは何とも皮肉な話である。

51 鳥取城を陥落させたのは米だった？

豊臣秀吉は城攻めに手腕を発揮したことで知られるが、なかでも「三木の干殺《ひごろ》し、**鳥取の渇《かつ》え殺《ごろ》し**」と呼ばれる三木城と鳥取城の兵糧《ひょうろう》攻めは苛酷を極めた。

鳥取城は1545（天文14）年に築かれた城で、築城は因幡山名氏とも但馬山名氏とも伝えられている。標高およそ260メートルの険しい久松山にある城は難攻不落といわれ、城攻めの名人である秀吉といえども、簡単に落とせる城ではなかった。

秀吉軍は2万、鳥取城主・吉川経家《きっかわつねいえ》率いる兵は1400。兵の家族や民衆などを合わせても籠城したのは4000ほどだったという。しかし、鳥取城が落ちたのは兵力の差ではない。秀吉は徹底した兵糧攻めを行ったからだ。

このあたりは豪雪地帯である。秀吉の包囲網が完成したのは7月だが、経家は雪に覆われる11月まで持ちこたえられれば、秀吉も諦めるだろうと考えていた。そのためには、兵糧を確保しなければならない。

鳥取城（写真提供：裏辺研究所）

だが、城の兵糧を確認した経家はがく然とした。備蓄はあまりにも少なく、とても11月までもつものではなかったのだ。

じつは、鳥取城攻めを計画していた秀吉は、**周囲の米を高値で買い取り、城へは回らないようにしていた**。しかも、この高値につられて、**軍資金を得るために城内の米まで売られていた**のである。

籠城が始まると間もなく兵糧はなくなり、人々は城内の草木や馬を食べるしかなかった。それも尽きると、餓死者の死骸まで食いあさったという。まさに地獄絵図であった。

この悲惨な状況に胸を痛めた経家は、開城を申し出て、自らは切腹して果てたのである。

52 歴史上、戦が多かった城はどこ？

長い戦国の歴史のうちで、もっとも多く戦火に見舞われた城はいったいどの城なのだろうか。そして、なぜ何度も襲われてしまう城があるのだろうか。

まず、争奪戦がたびたび起こる城はその立地に原因がある。多くの場合、その城をおさえることで陸路や水路など主要な交通網を手中に収めることができたからだ。

たとえば、愛媛県の東に位置する**川之江城**は、四国の交通の要《かなめ》となる位置にあったため、細川氏、長宗我部《ちょうそかべ》氏、小早川氏など、時代ごとに名だたる戦国大名に攻められた歴史を持つ。福岡県の**門司城**《もじじょう》も、九州の玄関口となることから、大友氏と大内氏、そして毛利氏による争奪の的となっている。

そして、偶然にもにらみ合う武将の領地の境にあったために戦場になってしまった悲運な城もある。静岡県の**高天神城**《たかてんじんじょう》は甲斐と駿府《すんぷ》の県境に近かったため、武田氏と徳川氏が長年にわたり奪い合いを繰り返している。武田家にいたっては、信玄、そしてその跡

左上：川之江城　右上：門司城址（© 左上:Toto-tarou/ 右上：上条ジョー and licensed for reuse under this Creative Commons Licence）　左下：高天神城址（写真提供：裏辺研究所）　右下：稲葉山城

を継いだ子の勝頼と、2代にわたってこの城を攻めているのだ。

多くの戦いを経ている城として外せないのが、斎藤道三の築いた**稲葉山城**だ。長井氏の謀反に始まり、あの織田信長でさえ一度は攻略に失敗している。

さらに岐阜城と名前を変えた後も斎藤氏、池田氏、織田氏と争奪戦が繰り広げられ、歴代の城主はそのほとんどが非業の最期を迎えているのだ（次項参照）。

いまも各地に残る城跡には、そこで行われた戦いの数だけ天下を夢見た武士たちの思いが眠っているのである。

53 難攻不落の岐阜城が攻め落とされた理由は？

織田信長の城というと安土城が有名だが、天下布武《てんかふぶ》の第一歩を踏み出した場所といえば、岐阜城である。かつて稲葉山城と呼ばれていたこの城を、岐阜城という名に改めたのも信長だ。

岐阜城は岐阜市街の北東、裾野を長良川《ながらがわ》が流れる金華山《きんかざん》にあり、創建は鎌倉時代の二階堂行政によるという。金華山は標高こそ329メートルとさほど高くはないものの、山頂への道のりは急峻《きゅうしゅん》で、難攻不落の城とされていた。

ところがこの城、じつは**6回も攻め落とされている**のである。難攻不落のはずなのに、なぜこのようなことが起きたのだろうか。そこには、**誰もが天下取りの野望を抱き、下克上は当たり前**という時代背景が密接に関係している。

岐阜城の主として有名なのが、「まむしの道三」の異名を持つ斎藤道三だ。この道三の入城からして、典型的な下克上だった。美濃国の守護だった土岐《とき》氏の**家老を殺し、主君**

を追い出して一国一城の主《あるじ》に成り上がったのである。

しかし、道三は引退したのち、息子に殺されてしまう。その後、**家臣の竹中半兵衛が一時的に城を乗っ取る**。これは放蕩な主君をいさめるのが目的だったので、すぐに城主は戻ったが、やがて**天下を目指す信長に攻め落とされた**。そして、信長はこの地に居を移し、壮麗な岐阜城を造営したのだ。

山頂にたたずむ岐阜城

だが、信長もまた志なかばで倒れ、その後も次々と岐阜城の主は入れ替わった。そしてついに、関ヶ原の合戦で落城。平和な時代に不要となった山城は、最後には廃城となってしまう。

余談だが、新月の夜には最上階の部屋から、信長が朗々と謡《うた》う声が聞こえるという怪談話も岐阜城には伝わっていたようである。

54 徳川軍を翻弄した上田城のしかけとは？

長野県上田市にある上田城は、1583（天正11）年に**真田昌幸**《さなだまさゆき》が築いた城だ。千曲川流域に面した要害の地にあり、守るだけでなく、敵を攻めるのにも適した造りになっていたという。

この上田城を舞台に、徳川軍と2度の攻防戦が行われた。**1度目は徳川軍7000に対して真田軍は約2000の兵、2度目は3万8000もの徳川軍を相手に、数千の兵**で戦ったのだが、いずれも**大軍を擁する徳川勢が少数の真田軍に翻弄される**結果となった。数の上では圧倒的に不利な真田軍が、なぜ徳川軍を破ることができたのか。それは、知略に長《た》けた真田昌幸が城にさまざまなしかけを施していたからだ。

籠城の構えをとる真田軍を前に、徳川軍はやすやすと城の外郭まで入り込むことができた。しかし、これが昌幸の作戦だった。

徳川軍が城壁の近くまで来たとき、一斉に城内から鉄砲をあびせかけ、矢を射たのだ。

上：上田城跡に造られた城址公園
右：真田昌幸

慌てて退こうとしても、道のあちこちに造られている柵が邪魔をして、思うように動けない。川沿いに退路を見つけたものの、そこで昌幸はせき止めていた川の水を流し、逃げる兵を水攻めにしたのである。

徳川軍が混乱している隙を突いて城内から兵が斬り込み、あちこちに潜んでいた伏兵も背後から襲いかかった。こうして徳川軍は大きな痛手を負って、敗走したのである。

2度目の軍を率いたのは、関ヶ原の合戦に赴《おもむ》く途中の徳川秀忠だった。前回の屈辱を晴らすべく、上田城の攻略に挑んだものの、昌幸の作戦にまたしても敗れたのだった。

ちなみに、上田城で7日も足止めをくった秀忠は、結局関ヶ原の合戦に間に合わず、家康から大目玉をくらったと伝えられている。

55 小倉城が「攻めにくい」といわれた理由は？

小倉は、中津街道や長崎街道の出発点だったことから「九州のすべての道は小倉に通じる」といわれた町だ。また関門海峡に面しており陸海の交通の要《かなめ》だったため、古くから城や砦が築かれた町でもある。

小倉城が築かれたのは、1602（慶長7）年のことだ。関ヶ原の戦いで功をあげた細川忠興《ただおき》が7年の歳月をかけて造りあげたといわれている。

小倉城が「攻めにくい城」といわれたのは、**天然の海と川をうまく取り入れた巧みな構造**にある。

忠興は、小倉に城を築くにあたり、紫川《むらさきがわ》が海へと流れる河口の地を選んだ。そこには、すでに毛利氏が築いた城があったが、大幅に造り直し、現在のような形ができあがったという。忠興は、主要部分がほぼ三角形の城郭を築いている。つまり、本丸を中心に反時計回りの三角形がらせん状に繋がるように曲輪《くるわ》（194ページ参照）などを配置し、堀を

1644（正保元）年に描かれた小倉城下町の絵図。水に守られていることが分かる。

巡らせたのだ。

三角形の2辺は海と紫川に面しているため、攻める側としては残る南側の頂点しか突破口がない。逆に守る側としてはそこから敵が来ることがわかっているため**攻撃しやすい**ことになる。

　じつは、海を利用したこのような**「海《うみ》城《じろ》」**は、忠興の得意とするところだったのだ。そもそも関ヶ原の戦い以前、細川氏は丹後（現在の京都府北部）の領主であり、本拠の宮津城も補佐的な田辺城も海沿いの河口に造られた海城だった。

　忠興が豊前《ぶぜん》・豊後《ぶんご》（現在の北九州）を与えられ入城した城も中津城という海城である。細川氏と海城は切っても切れない関係にあるのだ。

56 新選組の土方歳三は城攻めの天才だった？

土方歳三《ひじかたとしぞう》といえば、いまも写真に残る甘いマスクとは裏腹に新選組の「鬼の副長」として恐れられ、数々の戦史にその名を刻んでいる。

その土方、じつは**城攻めの天才**でもあった。

剣の腕もさることながら相当のキレ者だった土方は、剣や槍《やり》ではなく銃や砲を主力とする西洋式の近代戦術にいち早く注目する。

写真には西洋式の髪型で軍服に身を包んだ土方の姿を見ることができる。

そして、土方は身につけた最新の戦術により、戊辰戦争において何度も城攻めに成功している。

１８６８（慶応４）年に旧幕府軍に参加した土方は江戸を脱出し北上する。生き残った新選組の隊士とともに土方が指揮する一隊は、まずは茨城県の**下館城**《しもだてじょう》へと向かう。そこで土方は下館城を包囲すると大手前に大砲を設置して威嚇し、下館藩からあっさりと

上：下館城の本丸跡（写真提供：裏辺研究所）
左：土方歳三

物資の支援を取りつけている。

土方はその勢いで新政府軍が守る**宇都宮城**に向かうと、猛攻をしかけてたった1日で城を奪いとってしまう。土方は激しい戦火に思わず退却しようとした自軍の兵を見せしめに切り捨てる、という非情さもみせている。

その後、榎本武揚《えのもとたけあき》らと合流して軍艦で北海道に上陸した土方は、手始めに函館の**五稜郭**を占領し、独立政権の樹立をめざした。

さらに南西部にある**松前城**攻めでは海からの砲撃を行い、7つの砲台で武装した城をわずか数時間で落城させてしまったのだ。

このように土方は、わずか半年の間で次々と城を落としている。短期間でこれだけの城攻めを行い、そのほとんどの戦いで勝利を収めたとは、本当に恐ろしい才能である。

57 島原の乱の最後の砦は廃城だった？

キリシタンの弾圧に耐えかねた農民たちが、わずか16歳といわれる天草四郎を大将に一揆を起こした「島原の乱」。籠城の末に全滅した一揆軍の悲劇は有名だが、その舞台となった原城は、じつは当時すでに廃城、つまり、使われていない廃墟だった。なぜ、農民たちがこの廃城に立てこもることになったのだろうか。

長崎県の島原半島南部にあった原城だが、有明海を望む美しい岬には、いまとなっては城の姿は見る影もない。

もともとこの原城は、この地を治めていたキリシタン大名である有馬晴信の居城だった。ところが、後任の松倉重政が原城に代わり新たに島原城の築城にとりかかったために廃城となってしまったのだ。その島原城築城の際、工事に駆り出されて重労働を強いられたのはほかでもない地元の農民たちだった。

さらに松倉重政は、幕府の方針に従い**キリスト教の弾圧を強化**し、この一連の圧政が

原城跡（©Chris73 and licensed for reuse under this Creative Commons Licence）

やがて島原の乱につながっていったのだが、皮肉にも、**城の工事を手がけたという経験が、原城に立てこもる際に活かされる**ことになった。農民たちにとっては、城の守りを固める塀や土塁造りなどは手慣れた作業だったのだ。

12万人の幕府軍に対して、老人や子供までも参加した農民中心の一揆軍は約3万7000人。死力を尽くした抵抗もむなしく、皆殺しにされた農民たちは、ここが自らの死に場所と覚悟して原城の補修を行ったのだろうか。

平成になった今日でも、原城の跡地からは一揆軍の人骨や遺品の十字架などが発掘され、人々の無念をいまに伝えている。

58 東北でも「関ヶ原の合戦」があった？

山形盆地の西南に位置する長谷堂城《はせどうじょう》は、街道の要衝《ようしょう》にあり、戦国時代には最上氏が治める山形城の重要な支城のひとつだったが、いつ誰の手によって築城されたのかは不明だ。ただ、『伊達家文書』に１５１４（永正11）年にこの城を攻めたという記述があることから、16世紀初頭には存在していたことがわかる。

１６００（慶長５）年、この長谷堂城を舞台に、**出羽合戦《でわかっせん》**と呼ばれる大きな戦が繰り広げられた。この戦いはまた、**奥羽《おうう》の関ヶ原**ともいう。奥羽の地で起こった〝天下分け目〟の大合戦とは、いったいどんなものだったのだろうか。

この時代は日本中の大名が東西両軍に分裂しており、**山形の最上氏は徳川方に、会津の上杉氏は豊臣方についていた**。東北でも東西の対立は一触即発だった。

そんななか上杉軍は山形に進軍し、次々と各地の支城を落としていく。そして、**関ヶ原で合戦の火ぶたが切って落とされたその日、上杉軍は長谷堂城に攻めかかった**のである。

上：「長谷堂合戦図屏風」（部分）右上に描かれている建物が長谷堂城。長谷堂城主である志村伊豆守や上杉軍も描かれている。
左：かつて長谷堂城があった場所の現在の姿。

上杉軍2万に対し、長谷堂城を守るのは約5000の兵。籠城策をとった長谷堂城を上杉の大軍が囲んだ。

しかし、このような劣勢のなかで、長谷堂城はよく持ちこたえた。孤立した小高い丘の上に城があり、ふもとを流れる川が自然の堀になっているという地形も、有利に働いたといえる。

やがて、**関ヶ原での徳川勝利の報が伝えられると上杉軍は撤退**し、長谷堂城は守られた。

関ヶ原ではわずか1日で決着がついたが、東北に知らせが届くには時間がかかる。そのため、長谷堂城の攻防は2週間にもわたる長期戦となったのである。

59 忍者はどうやって城に侵入した？

音もなく辻を走ったり、数メートルの塀を軽々と飛び越えたり、そうかと思えば水の上をすいすいと渡り、危険が迫ると妖術を使ったように消えてしまう……。

忍者というと、そんな姿を想像してしまうが、これは映画や小説のなかでの忍者像だ。**「忍者」**という名称も、戦後の小説から一般的となった。

とはいえ、忍者の歴史は古く、はるか昔の飛鳥時代には、聖徳太子が大伴《おおともの》細人《ほそひと》を**「志能備《しのび》」**という諜報員として使ったと伝えられている。戦国時代の武将も敵を偵察し情報収集をする集団を抱えており、**軒猿《のきざる》**や**乱破《らっぱ》**と呼ばれる者などが実在した。

彼らが諜報員として動くには、城内に入り込む必要があったと思われるが、ではどうやって潜入したのだろうか。

ひとつには、**忍具を使って入る**方法が考えられる。「鉤縄《かぎなわ》」は、縄の先に鉄鉤がついており、塀やがけを登るときなどに使用する。「忍刀」は、普通の刀と違って反りがなく、

忍者を登らせないため、城には急角度の石垣など数々の工夫がほどこされた。

塀を乗り越えるときなどにたてかけ、足がかりにできた。さらに、情報収集のために**変装**をしたことも考えられる。

城側も敵に潜入されることは想定していたようで、防止策を講じていた。たとえば、熊本城の小天守が建つ石垣の隙間にある「忍返《しのびがえ》し」と呼ばれる長さ60センチくらいの鉄串がそうだ。

ちなみに、忍者は暗闇にまぎれて動くこともあるため、彼らが身にまとう装束は身軽で目立たないものだった。

映画やマンガなどでは、全身黒装束が主流となっているが、じつは真っ黒だとかえって月明かりで輪郭が浮き出てしまう。実際の忍装束は、紺色か、柿色だったようだ。

60 松前城は対ロシア用の城だった？

松前氏の5代慶広《よしひろ》が1606（慶長11）年に築城したのが北海道にある松前城だ。しかし、そのときの規模を示すものはいまはなく、現存する松前城は、1849（嘉永2）年に幕府の命によって松前崇広が再建した姿が土台となっている。

この城はそれまでの築城技術によって建設したため、天守が建てられ、二の丸の入口が二重の枡形虎口《ますがたこぐち》（206ページ参照）になっているなど、軍学通りに造られており、**日本式築城の〝最後の城〟**といわれている。しかし、その反面、西洋式の考えが取り入れられているのが松前城の特徴で、なんと**計37基の砲台を備えている**のである。

松前城は非常に海岸に近い丘の上に造られた城で、幕府はロシアの南下に備えてこの城を造らせた。津軽海峡の警戒強化が役割で、そのために海側の三の丸に7基、海岸に30基の大砲を配置したのである。

城の設計を担当したのは、当時の三大兵学者の一人である高崎藩の市川一学《いちがく》だ。城に

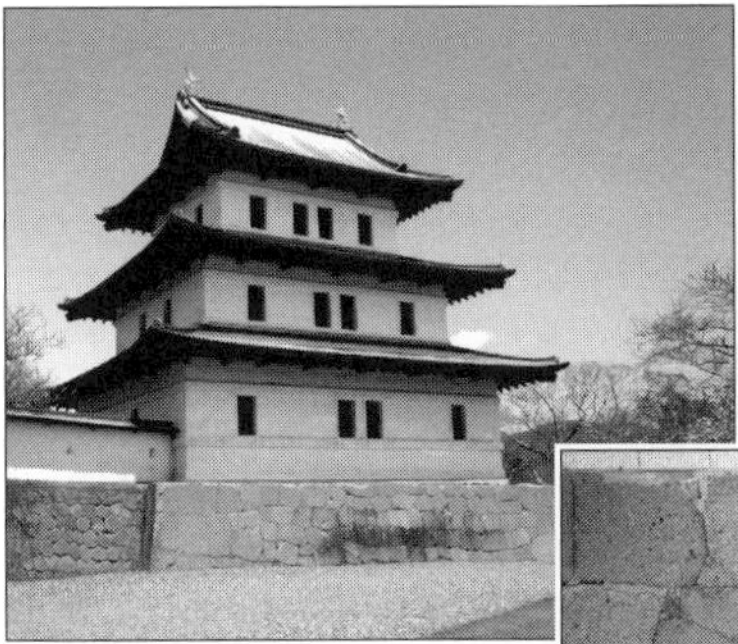

上：現在の松前城
右：松前城の石垣に残る弾痕（写真提供：松前町）

砲台を造るという西洋的な考え方が、典型的な日本式城郭に溶け込んでいるのがユニークといえる。

天守は、１９４１（昭和16）年に国宝に指定され、太平洋戦争でもかろうじて残ったのだが、１９４９（昭和24）年に焼失してしまった。

現在の天守は１９６１（昭和36）年に再建されたコンクリート造りである。だが、その**石垣には幕末から明治にかけての動乱の痕跡として4つの弾痕が残っている**。旧幕軍である榎本武揚《えのもとたけあき》軍の軍艦の弾と、それに対抗した官軍の春日艦による砲撃の痕と思われる。

外国船の防御のために造られたのに、敵は国内にいたとはなんとも皮肉である。

61 川越城は偽の書状によって守られた？

埼玉県川越市にある川越城は何度も合戦の舞台となっているが、1546（天文15）年に行われた河越夜戦《かわごえよいくさ》は〝日本三大夜戦〟のひとつに数えられているほど有名である。

もともと川越城は、1457（長禄元）年に関東管領の扇谷《おうぎがやつ》上杉持朝《もちとも》が太田道真《どうしん》・道灌《どうかん》親子に命じて築いた城だ。しかし、1537（天文6）年に北条氏に攻め落とされ、それ以降は城を取り戻そうとする扇谷上杉氏と北条氏が激しく争いを繰り返していた。

川越夜戦のとき、城を守っていた北条勢は約3000で、小田原から駆けつけた援軍を含めても1万1000ほどだった。それに対して、川越城を囲んだ扇谷上杉勢は8万だったと伝えられている。だが、勝利したのは北条氏だ。圧倒的に不利な状況で、大軍を跳ね返すことができたのはなぜなのか。

その理由は、北条氏康《うじやす》の巧みな計略にあった。これほどの数の差があっては、まともに戦っても勝ち目はない。そこで氏康は、**「城内の兵を助けてくれれば、城を明け渡す」**

上：川越城本丸御殿（写真提供：裏辺研究所）
右：北条氏康

という、ほとんど降伏と受け取れる書状を扇谷上杉軍に送った。

兵力で優勢な扇谷上杉勢は、自分たちの勝利を疑っていなかったのだろう。この書状を鵜呑みにして、包囲を解きはじめる。

これが氏康の狙いだった。**敵が気を抜いた隙を突き、闇にまぎれて急襲をしかけた**のである。慌てふためいた扇谷上杉勢は、まともに戦うこともできず、多くの犠牲者を出して敗走するしかなかった。このとき、**扇谷上杉勢の死者は１万以上、北条勢の死者はたった１００人程度**だったという。

氏康の送った偽の書状のおかげで、北条氏は川越城を死守できたのである。

四章

不思議な言い伝えの謎

62 埋蔵金は本当にあるのか？

埋蔵金伝説のなかでもっとも知名度が高いのは、**徳川埋蔵金**だろう。迫りくる諸外国に対抗し、いざというときの軍用金として群馬県赤城山麓に200万～300万両を隠したというのだ。大老井伊《いい》直弼《なおすけ》の発案により、小栗《おぐり》上野介《こうずけのすけ》がひそかに実行したといわれ、もしそれが本当なら、数百億円の価値になるそうだ。

江戸城無血開城の折、新政府軍が資金にしようと金蔵を探したところ、空っぽだったことから、この伝説は生まれた。実際にいまでも探している人がいるようで、テレビでも特番が組まれて紹介されているほどだ。

日本の埋蔵金伝説は、徳川埋蔵金のほかにも豊臣秀吉の黄金埋蔵金、茨城県の結城家埋蔵金など日本各地に存在する。豊臣秀吉埋蔵金は、推測される埋蔵量の多さではダントツだ。病の床に伏した秀吉が、跡継ぎ秀頼のために大判や金塊を隠したというもので、現在の価値にすると5兆円を超えるという。

1963（昭和38）年に日清製油本社ビル改築工事現場で見つかった鹿島清兵衛の約6000万円の埋蔵金。（写真提供：日清オイリオグループ）

　城主が隠したものではないが、実際に埋蔵金が見つかった例はある。１９６３（昭和38）年、東京都中央区新川で、ビル改築工事中に発見された小判１９００枚と天保二朱金７万８０００枚だ。これは、江戸時代に酒問屋を営んでいた鹿《か》島《しま》清《せい》兵《べ》衛《え》のものであることが証明され、子孫に返還されている。当時の価値で６０００万円になったそうだ。

　しかし残念ながら、徳川埋蔵金については、当時財政難に陥っていた幕府にはそもそも隠すほどの金があるはずないという話もある。

　落城の際、再起を期して埋蔵金を隠したという話は伝承の域を出ないが、いまもなお人々にロマンを感じさせる。

63 八王子城には亡霊がさまよっている？

東京都の西、八王子市にいまも城跡が残る八王子城は、**幽霊が出る**という噂の絶えない場所である。八王子城は1587（天正15）年に北条氏康《うじやす》の三男である氏照が本格的に築城した城だが、ここに漂っているという幽霊の正体は、何なのだろうか。

北条氏の拠点のひとつとして整備された八王子城だったが、1590（天正18）年に豊臣秀吉勢に急襲され、**たった1日で落城してしまう**のだ。そのありさまは、惨劇という言葉にふさわしいものだったといわれる。

その日、周囲には山間部特有の霧が立ちこめていたうえに、城はまだ普請《ふしん》中だったために入口などが未完成で、敵の侵入を防ぐことができなかった。城主の氏照はちょうど小田原に行っており、城を守っているのは戦いに不慣れな農民や神官、山伏など約2000人である。

戦いは豊臣勢の思いのままだった。あっという間に斬殺された人々の血で、城の近く

八王子城の本丸跡

を流れる城山川《しろやまがわ》は**三日三晩も真っ赤に染まった**。

赤い川の水はやがてヒルに生まれ変わったと言い伝えられている。さらには数年後に清流が戻った後も、**この川の水で米をといで飯を炊くと血の色で染まった赤飯になった**といわれる。

数々の悲惨な逸話が残る八王子城落城の惨劇だが、そのときに惨殺された人々がいまもまだ城跡でさまよい続けているというのが、八王子城の幽霊譚なのだ。

いまも6月23日の落城の日になると、本丸跡の古井戸からは霧が立ちのぼり、そのなかから犠牲者たちのうめき声が聞こえてくるといわれている。

64 宇都宮城には「吊り天井」があった？

「関東七名城」のひとつにも数えられる栃木県宇都宮市の宇都宮城は、吊り天井がしかけられていた城としても知られている。**天井が降りてきて部屋で寝ている者を圧死させる**という恐ろしいものだが、果たしてそんなものが本当にあったのだろうか？

じつは、これは**後世のつくり話**で吊り天井は存在しなかった。では、なぜこのような奇異な話が生まれたのだろうか。そこには**徳川家と宇都宮城をめぐる因縁**がひそんでいる。

宇都宮城は平安時代に建てられた城で、築城したのは藤原秀郷《ふじわらのひでさと》か藤原宗円《ふじわらのそうえん》だと伝えられるが、正確にはわかっていない。その後、下野《しもつけ》（現在の栃木県周辺）の実力者だった宇都宮氏の居城になるが、その宇都宮氏は豊臣時代に取り潰される。その後は徳川家康の懐刀といわれた本多正純《ほんだまさずみ》が移ってくるが、そこにはある事情があった。

家康の存命中はそれなりに重んじられていた正純だが、家康が死んで2代目秀忠の時代になると、秀忠の側近が幕府中枢の要職につくようになり、正純はしだいに孤立する。

現在の宇都宮城（写真提供：裏辺研究所）

そして1619（元和5）年に宇都宮15万石の城主にされてしまうのだ。

正純にとっては、大変な逆風である。これを怨みに思った正純が吊り天井を作り、日光参詣《さんけい》の折に宇都宮城で一泊することになっていた憎き秀忠の暗殺を企《くわだ》てたというわけだ。

これは作り話だが、じつは**正純は幕府に無断で宇都宮城にいくつもの抜け穴を掘っていた**。その跡はいまも残っている。

当時の築城は厳しい幕府の管理下に置かれており、幕府が関知しない抜け穴工事は大変な反逆行為である。この抜け穴を理由にして、1622（元和8）年に正純も取り潰されたのだった。

65 徳川家康の生まれた城には迷宮があった？

愛知県岡崎市にある岡崎城。徳川家康が生まれた徳川家ゆかりの城としても有名なこの城には、まるでゲームにでも登場するような**〝迷宮〟がある**というのだ。

岡崎城の歴史は古く15世紀にさかのぼる。築城当初は現在より南の位置にあったとされているが、その後、１５３１（享禄４）年に家康の祖父にあたる松平清康が、現在の位置に移したものだ。

この岡崎城は、龍頭山と呼ばれた小高い地形を利用して築かれている。川の浸食によって、その名の通り龍が渦を巻いているようならせん状の複雑な地形になっているのだ。

この地形と、さらに城内を複雑に入り組んだ堀によって分け、どこをどう通ったら本丸にたどり着けるのか、その城内はまるで迷宮のような設計になっているというわけだ。

さらに、岡崎城の城下町にもさらなる迷宮が造られた。**「岡崎二十七曲《にじゅうななまがり》」**と呼ばれる複雑に入り組んだ路地がそれだ。

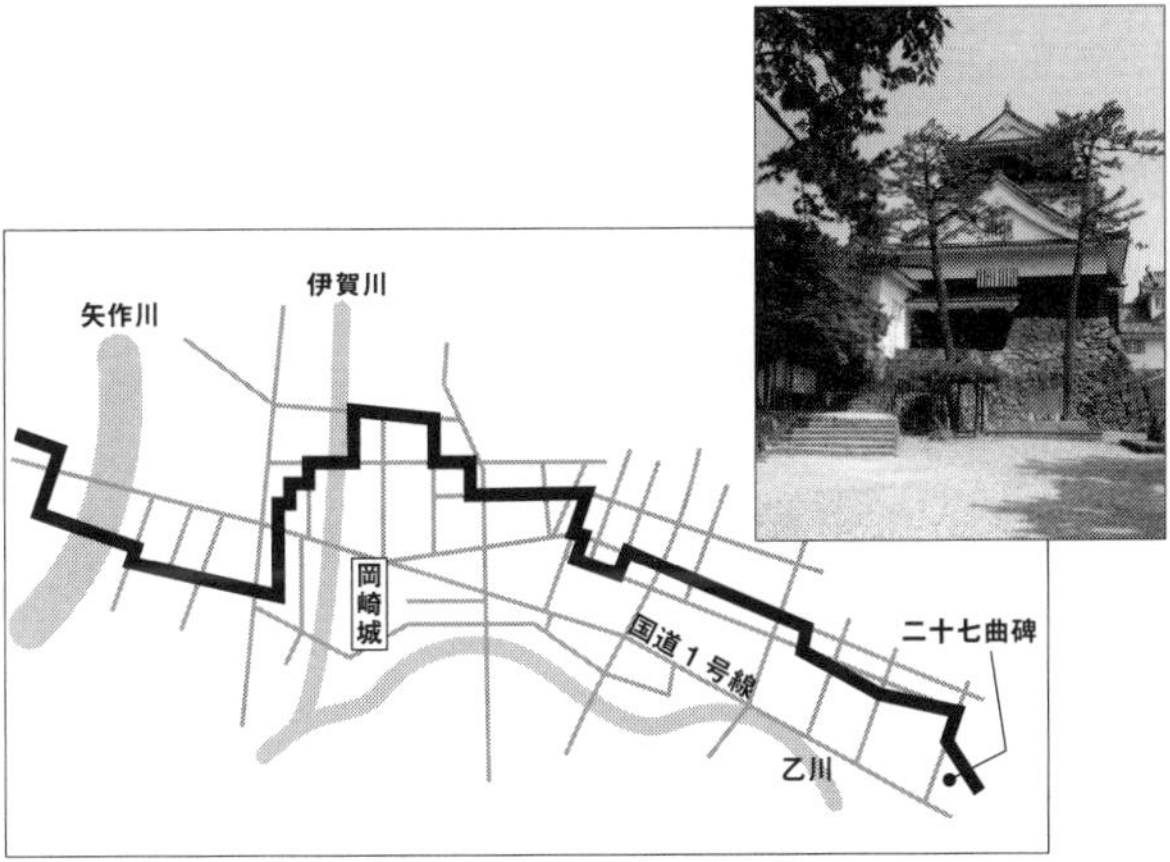

右上：現在の岡崎城天守　上：「岡崎二十七曲」図

１６０２（慶長７）年に岡崎城の城主となった本多康重は、城の南にあった東海道を城下に引き入れた。そして、10年という歳月をかけてこの道に合わせて27もの角を設けて、複雑に曲がりくねったものにしたのだ。

現在も残るこの「岡崎二十七曲」は敵の直進を防ぎ、またそれぞれの角に潜んで敵を迎え撃つことができるということから考え出された、**攻めづらく守りやすい迷宮**なのだ。

しかもこの本多康重は、もともとは豊臣家に仕えた大名で、この「岡崎二十七曲」も徳川軍の攻撃を想定して造られたというのだから、なんとも皮肉なものである。

66 備中松山城はサルに乗っ取られた？

岡山県高梁《たかはし》市にある備中松山城は、**日本三大山城**のひとつとされている名城だ。なかでも天守が現存する山城はこの備中松山城のみということもあり、多くの観光客を集めている。

城をめざして山を登る観光客の前には10メートルを超える巨大な石垣が立ちはだかる。ひな壇状に築かれたこの石垣は、山城の険しさをいまに伝えている。

しかし、立ちはだかるものは石垣だけではないというのだ。

標高430メートルの臥牛山《がぎゅうざん》に鎌倉時代、秋庭《あきば》重信が築城したのがこの備中松山城の起源とされている。その後、1683（天和3）年に水谷勝宗《みずのやかつむね》によって修築され、現在の天守の姿となった。

さて、この備中松山城がある臥牛山には昔から**野生のサル**が群れをなして生息している。このサルたちが最近、城壁や屋根瓦などを破損させる被害が相次いでいるのだ。

備中松山城の天守

城へ登る道に座り込んだサルは**人が近づいても逃げようともせず、ギャーッと鳴き声をあげて訪れる人々を威嚇する。**まるでサルに城を乗っ取られたかのようだ。

またサルは麓に下りてきては畑の作物を食い荒らしてしまうことから、地元の住民たちも頭を抱えていた。

このため、いまでは城の建物の周囲には高圧電線の柵が物々しく張り巡らされ、サルの侵入を防いでいる。

皮肉にも、この地方の人気のお土産に「さる煎餅」というものがある。そこにはかわいらしいサルの顔が描かれているが、城を乗っ取ったサルたちの実情とは少々異なるようだ。

67 盛岡城は洪水に襲われ続けた城だった？

石垣の美しさで有名な盛岡城は、陸奥《むつ》盛岡10万石の南部氏の居城である。もともと領内の北部に城があったのが、南部信直《のぶなお》が豊臣秀吉に許可を得て１５９２（文禄元）年に築城を始めた。ところが工事に時間がかかり、完成したのは１６３３（寛永10）年のことである。

完成まで40年もの時間を費やしたのは、盛岡城がふたつの川に囲まれていたからである。それらの川が何度も水害を起こし、そのたびに工事中の石垣などが壊されて**工事のやり直しを強いられた**のだ。いうまでもなく洪水の恐れがあるのは完成した後も同じで、盛岡城はその後何度も洪水に遭《あ》っている。それにしても、なぜ盛岡城はわざわざ洪水の危険がある場所を選んで建てられたのだろうか。

それは、ふたつの川が天然の水堀となり、城を守る役目を果たしていたからである。ふたつの川とは、**北上古川**と**中津川**のことで、盛岡城はこれらが合流することでつくり

城の石垣は岩手公園の一部としていまも残っている。

出される三角形の土地に建てられた。こうすれば城の2面は**川という天然の要害**に守られる。特にこのふたつの川がよく荒れるというのは誰もが知っていることだった。敵もおいそれとは攻められないというわけだ。

ただし、川に要害としての価値があるのは乱世のときだけである。平和な時代になると、むしろ洪水の危険から城や城下町を守る対策に力を注がなければならなかった。

実際、盛岡城も信直の子の利直のときに川の流路を変える工事を行い、北上川の西方に新しい川を造って、もとの川は水堀とした。要害として川を利用することを諦めたわけだ。

68 弘前城の天守は大爆発した？

東北地方に春を告げる桜の名所としても有名な弘前城《ひろさき》。現存する天守としては東北地方唯一の存在であり、その壮大で美しい姿は重要文化財にも指定されている。

ところが、弘前城のシンボルであるその天守は、かつて大爆発を起こしたという歴史を持っているのだ。

青森県弘前市にある弘前城は、１６０３（慶長８）年に津軽為信《つがるためのぶ》によって築城が開始されている。

その後、2代藩主の信枚《のぶひら》に引き継がれ、広さ約49・2ヘクタール、いまでいえば東京ドーム10個分以上という広大な敷地に、東北地方では初めての石垣造りの城が築かれた。

そんな弘前城で特に目を引く建物がその天守だ。築城時に建てられた天守はなんと全五層からなる見事な高層建築だったのだ。高層の天守として名高い織田信長の安土城が5階七層といわれていることから、その大きさは当時としては国内最大級と考えられる。

ところが、その巨大な天守が大惨事に見舞われることになる。1627（寛永4）年、天守の頂上にそびえ立つ**シャチに雷が落ちてしまう**のだ。

天守は雷により出火し、最上階から炎上。その炎はまたたく間に天守を包んでいく。

さらに不幸なことに**天守にあった火薬庫に引火**し、ついに**大爆発を起こした**と伝えられている。この火災により、天守は完全に焼失してしまったのだ。

ほかにも落雷によって天守が焼失してしまったという記録は各地に残されており、じつに惜しむべきことである。

ちなみに現在の弘前城に残る三層の天守は、その後再建されたものである。

現在の弘前城天守（写真提供：裏辺研究所）

69 童謡『とおりゃんせ』は川越城で生まれた？

子供の頃から誰もが口ずさんできた童謡には、なぜかミステリアスな噂がつきまとっているものが多い。「とおりゃんせ、とおりゃんせ……」でおなじみの『とおりゃんせ』は、川越で誕生したといわれている。

さて、『とおりゃんせ』の歌詞を思い出してみよう。

「とおりゃんせ　とおりゃんせ　ここはどこの細道じゃ　天神様の細道じゃ」

というフレーズで始まり、子供が7歳のお祝いに天神様へお参りをする様子が歌われている。この神社こそ、川越にある三芳野《みよしの》神社だといわれているのだ。

三芳野神社は川越城築城にあわせて城のなかに移築され、「お城の天神様」と呼ばれていた。そのため、城の南大手門をくぐり、小道を進んでやっと神社にたどりつける。これが歌詞に出てくる「天神様の細道」になる。

ところが、この三芳野神社は城内にある神社だけに参拝時間も決められていて、**庶民**

三芳野神社の参道

は気軽に参拝できなかった。まさに **「用のないものは通さない」** わけで、これも歌詞そのままだ。

しかも、参拝するにも城を守る侍《さむらい》たちの監視からは逃れられない。特にその **帰り道には城に紛れ込む者を防ぐため、厳しいチェックが待っていた** という。これが **「行きはよいよい帰りは怖い」** という歌詞の由来となっているのだ。

川越城の跡地は現在では公園となっていて、三芳野神社もそのなかにある。緑も多く、「小江戸」川越を訪れる観光客や市民の憩いの場となっているその様子からは、『とおりゃんせ』に歌われた堅苦しい空気は感じられない。

70 城には「開かずの門」があった？

城にはいろいろな門があるが、なかでも、もっとも大きい「大手門」は防御と攻撃を兼ね備えた表口にあたる門だ。反対に裏口にあるのが「搦手門《からめてもん》」で、領主が脱出する際に使われたといわれる。

門は曲輪《くるわ》（194ページ参照）の出入り口はもとより、敵を欺くためなど、それぞれに役割があるのだが、城には「開かずの門」もある。「不明門」や「不浄門」とも呼ばれるもので、**普段は使われないので鍵がかけられていたことが多い**。

じつはこの「開かずの門」、風水との関係が深いようだ。築城の際、方角に気を配るのはよくあることで、北東にあたる方向は**鬼門**とされた。**鬼門を開けたままにすることも、また塀などでふさぐことも嫌われたことから、門を造り、開かずの門とした**ようだ。

しかし、まったく開かないというわけではない。急を要する事態や凶事には、この門を使ったといわれている。

江戸城の平川門のそばには「不浄門」があった。

たとえば江戸城では、平川門のそばに**不浄門**が備えられた。ここは城内で死者が出たときや、罪人を出したりするときに使われたようだ。

実際にここを通ったのは、松の廊下で吉《き》良《ら》上野介《こうずけのすけ》に刃傷《にんじょう》事件を起こし、その後切腹を命じられた浅野《あさの》内匠頭《たくみのかみ》、そして大奥に歌舞伎役者を連れ込んだことがばれて騒ぎとなった「絵《え》島生島《しまいくしま》事件」で知られる大奥女中の絵島などである。

さらに開かずの門を造るだけでなく、鬼門にあたる方向に神社を置くことも少なくなかった。江戸城は、鬼門に寛永寺（上野）、南西の裏鬼門に増上寺（芝）を配置し、鬼門の延長線上には日光東照宮を置くという念の入れようだった。

71 人柱の呪いが松江城の石垣を崩した？

美しい外観から「千鳥城」という異名もある島根県松江市の松江城は、1611（慶長16）年に堀尾吉晴が完成させたものだ。

しかし、工事に着手した頃、**本丸の石垣や天守の土台石垣が何度修復しても崩れてしまう**という事件が重なった。理由はいったい何だったのだろうか？

当時は城を建てる際に、工事の成功を祈願して人柱を捧げることが少なくなかった。松江城でもそれは同じだった。**工事が始まった頃に盆踊りが開催され、そのなかからもっとも美しい娘を選んで生きたまま石垣に埋めた**。このため、何度も石垣が崩壊したのは、その娘の呪いが原因だったといわれているのだ。

石垣だけではない。堀尾氏のあとを継いで松江城に入った京極氏がわずか一代で絶えた後、松平直政が城主となる。ところが直政が居城とすると、天守の最上階にある天狗の間という部屋に、若い女の亡霊が出て直政を悩ませるようになったのだ。

城内にある祈祷櫓。伝説にもとづいて「コノシロ櫓」とも呼ばれた。（写真提供：端 和広）

あまりにも頻繁に出現するので、怯えながらも直政が「何者だ」と尋ねると、自分は人柱になった女で、しかも「この城の主です」と答えたという。

そこで直政は「この城」にかけて、宍《しん》道《じ》湖《こ》で獲れた「コノシロ」という魚を供えて霊を鎮めた。

また、**当時は松江城内では盆踊りを一切禁じていた**という。それは、盆踊りを踊ると、地震でもないのに松江城全体が大きく揺れたからだという。それもまた犠牲となった女のたたりだといわれる。

信じがたい話だが、人柱にされた若い女はお鶴という名前だったという。名前まで伝わっているのだから、これは本当にあった出来事なのではないだろうか。

72 「霧ヶ城」の女城主の壮絶な最期とは？

武士の世で、歴史に翻弄されながらもたくましく生き抜いた女性たちの物語は数多いが、岩村城の城主となった「おつやの方」の悲劇はご存じだろうか。

岐阜県恵那《えな》市にある岩村城は、鎌倉時代の１１８５（文治元）年に源頼朝の家臣、加藤景廉《かげかど》によって築城されたといわれている。標高７００メートルを超えるという日本最高峰に建てられた山城で、〝日本三大山城〟のひとつと称《たた》えられるほどの名城だ。

急な斜面に石を積むために考え出された六段積みの石垣「六段壁《ろくだんへき》」には、いまも当時の姿を見ることができる。

この岩村城は、武田信玄と織田信長の間で争奪戦が繰り広げられた激戦の地としても有名である。まず岩村城一帯を支配していた遠山家と同盟を結んだ信長は、当主の遠山景任《かげとう》に自分の叔母であるおつやの方を嫁《とつ》がせる。その後、景任は病没してしまい、夫人であるおつやの方が城主の大役を務めることとなる。

岩村城の幾重にも重なった石垣

　しかし信玄も諦めてはおらず、家臣の秋山信友に岩村城を攻撃させる。その猛攻に耐えきれず、おつやの方は秋山信友と政略結婚の道を選ぶしかなかった。

　これに怒ったのは信長だ。長篠の戦いで武田軍を打ち破ると、岩村城も陥落させてしまう。そして無残にも、秋山信友ばかりか、じつの叔母であるおつやの方までも逆礫《さかさはりつけ》にして殺してしまったのだ。

　おつやの方は、「かならずや報いを受けるだろう」と信長に絶叫しながら死んでいったという。

　岩村城の辺りにはよく霧が出るため、またの名を〝霧ヶ城〟とも呼ばれている。まるでおつやの方の無念が霧となって漂っているようである。

73 佐賀城の化け猫騒動は本当にあった？

佐賀城といえば、もともとは龍造寺《りゅうぞうじ》氏の居城として1611（慶長16）年に完成した城だ。有明海に近い湿地帯に造られた城で、いざというときには水を引き込んで水没させて守るという独特の構造を持っている。

この珍しい造りの佐賀城には、もうひとつ奇妙な話がある。化け猫騒動だ。

もともと**龍造寺氏**の居城だった佐賀城だが、戦によって龍造寺家が滅ぶと、その家臣だった**鍋島直茂《なおしげ》**が実権を握ってしまった。つまり、主従関係が逆転したわけだ。当然、両家の間には深い怨念が残った。そして、その怨念話が化け猫騒動に発展したのだ。

ときは鍋島家の2代藩主光茂の頃である。城下には龍造寺家の嫡流《ちゃくりゅう》である又七郎が住んでいた。ある日、光茂は又七郎を佐賀城に呼びつけ、碁の相手をさせた。

碁は又七郎のほうが一枚上手である。何度やっても負ける光茂に向かって、あからさまに「下手ですね」と言ってしまった。これに激昂した光茂は、**その場で又七郎を斬り**

上：現在の佐賀城跡には、本丸御殿を復元した建物が歴史館として建っている。
左：楊洲周延が描いた化け猫騒動。

殺してしまったのだ。

その様子を見ていたのは、又七郎の家で飼われていた猫だった。**猫は光茂が斬り捨てた又七郎の首をくわえると、又七郎の母親のもとへ届けた。**嘆き悲しんだ母親は、その場で自刃してしまう。

そして、その母子の怨みがそのまま猫にとり憑《つ》いたのである。そして光茂の奥方に憑くと、化け猫となって光茂を悩ませ続けるのである。

もちろんこれは作り話だが、しかしこの両者の怨念話には、もとをたどれば、鍋島家が龍造寺家から城を奪い肥前《ひぜん》の実権を握った出来事が根本にある。

つまり、お家騒動がそのまま化け猫騒動に発展したというわけである。

74 甲府城の「埋め殺しの石垣」とは何か？

1583（天正11）年、甲斐の国を手中にした徳川家康が平岩親吉に命じて築かせた城が、現在の甲府市丸の内に城址がある甲府城の原点といわれている。

その後、次々と城主が入れ替わるなか、一応の完成をみたといわれるのが、1593（文禄2）年に城に入った浅野長政を筆頭とする浅野氏の時代だ。

関ヶ原の戦いの後、再び徳川領となり、1706（宝永3）年には柳沢吉保《やなぎさわよしやす》によって改修されたが、1727（享保12）年には大火で城内の建物は焼失してしまった。

浅野氏時代の甲府城は、関東勢力に対する抑えの役目があり、非常に堅牢な実戦的造りとなっている。

土塁が多い関東の城としては珍しい総石垣造りで、秀吉はこの石垣造りの技術を取り入れ、土塁だった安土城を高石垣に変えたともいわれている。

城址は、近年発掘調査によって建物や石垣の修復・復元整備が進んでいる。

埋め殺しの石垣（写真提供：2950）

そこで発見されたのが**「埋め殺しの石垣」**だ。城主の交代によって城が改修される際、まったく異なる構造の城郭を築城することがあった。つまり、**既存の石垣を埋めて新たに石垣を構築する**のだ。

甲府城では、それが本丸の北側、稲荷《いなり》曲輪《くるわ》の石垣の一部に発見されている。発見されたときのまま展示されているので、築城当時の石垣が身近に見られる。

また、稲荷櫓《いなりやぐら》の周辺の石垣には、〇や×、鳥や魚の絵の線刻画が刻まれた石が混じっている。

これには石垣普請に関わった石職人の目印という説や石垣が崩れないようにと願った印という説などがあるが、本当の理由はわかっていない。

75 四国の城に葵の御紋があるのはなぜ？

日本各地には築城当時の姿を残すものから再建されたものまで、数多くの城や天守が存在している。そのなかでも特に貴重なものが、江戸時代末期までに建てられ、明治政府の廃城令や太平洋戦争の戦災を免れた「現存天守」と呼ばれる天守だ。

現在日本には、そういった復元や再建されていない天守が全部で12カ所残されている。ところが、それらの天守のなかで**徳川家の「葵の御紋」が付けられているものはわずかひとつ**、愛媛の松山城にしかない。２００年以上の栄華を誇った徳川家のシンボルが、なぜ唯一、四国の地に残っているのだろうか。

愛媛県松山市の中心部にある松山城は、標高１３２メートルの勝山に建つ四国最大の城だ。そびえ建つ天守からは、天気がよければ遠く瀬戸内海に浮かぶ島々まで眺めることができる。ロープウェイを利用してやっとたどり着くことができる松山城は、愛媛の人気スポットとして多くの観光客を集めている。この天守の屋根瓦に丸に三つ葉葵、つ

松山城天守にある葵の御紋（写真提供：松山城総合事務所）

まり葵の御紋が描かれているのだ。

松山城は、1627（寛永4）年に加藤嘉明《よしあきら》によって築城されている。その後、1635（寛永12）年、徳川家康の甥にあたる松平定行が藩主となったが、その間、定行によって天守は五重から三重に改修されている。

つまりは、**徳川の血を引く大名家である親藩《しんぱん》の松平氏によって普請された城だったため、葵の御紋を使うことが許されたの**だ。

江戸時代よりいまも変わらずそびえる松山城の天守。そこからの眺めは歴代の城主も味わっていたものかと思うと、じつに趣深いものだ。

76 犬山城の天守は日本最古の天守なのか？

とうとうと流れる木曽川沿いの断崖の上、標高40メートルの位置に犬山城天守は建っている。古い時代の建築様式である望楼型天守の典型で、木曾川岸にそびえるその美しい姿が中国・長河のほとりにある「白帝城」（「三国志」にも登場する名城）にたとえられることから別名を「白帝城」という。

犬山城の前身は、戦国時代に築かれ、いまより少し南に離れた場所にあった木下城を織田信康（信長の叔父）が1537（天文6）年に現在の場所まで移築したものだ。関ヶ原の戦いの後、1601（慶長6）年に松平忠吉の家老・小笠原吉次《よしつぐ》が入城し、現在の姿に近い形になった。

最古か否かの問題は天守の創建にまつわる、いまもっての謎である。

犬山城の天守は、**現存天守12個のなかで最古である、というのが長い間の通説だった。**

それは、1537（天文6）年に築城されたと伝えられる美濃金山城《みのかねやまじょう》が廃城になった際、その天守と家臣長屋を当時の犬山城主・石川貞清《さだきよ》（光吉）がもらい受け、木曾川を利用して運び犬山城に移築したという説が有力だったからだ。

しかし、１９６１（昭和36）年から行われた解体修理の結果、移築の痕跡はなく、**金山城移築説はほぼ否定された**。

いまは天守１〜２階部分は１６０１（慶長６）年に造られたという新築説が有力になっており、望楼部はさらに新しい時代の築造ではないかといわれている。

その一方で「金山越《かなやまごえ》」という言葉が犬山城にまつわる文献に残っていることで、**移築説を完全に否定することもできない**のが現状だ。

最近になって、築城年代を確定するための本格的な発掘調査が始められたようだ。

犬山城の天守

77 原爆で吹き飛ばされた名城がある？

広島県広島市にある広島城といえば、四方を多くの鯉《こい》が泳ぐ堀に囲まれた水源豊かな美しい城として人気がある。ところがこの城の大部分は、**1945（昭和20）年8月6日に投下された原子爆弾により一瞬で消え去ってしまった。**

この広島城は1589（天正17）年、豊臣秀吉政権下の安土桃山時代に築城が開始されている。初代城主は毛利輝元《てるもと》だ。輝元は〝三本の矢〟の逸話でおなじみの毛利元就《もとなり》を祖父に持つ、歴史ある毛利家の血をひいている。

輝元は、中国地方一帯を治めることができる場所として、当時は「五ケ村」と呼ばれていた広島の地に城を構えることを決めた。

築城が開始されたものの、そこは太田川の三角州の砂地と地盤が弱く、まるで砂地の真ん中に島を造るような工事は「島普請《しまぶしん》」といわれる難工事になった。この太田川は城を囲む堀の水源に利用されたが、一方で洪水の被害も多く、その後の城主たちを悩ませた。

広島城の二ノ丸跡にある被爆樹木。幹の一部が変色している。

そんな歴史ある広島城だが、広島への原爆投下では爆心地に近かったこともあり、原爆の熱風で天守は倒壊、門や櫓《やぐら》は焼失してしまった。城全体を瞬時に破壊してしまった原爆の威力は、ただ恐ろしいばかりだ。

石垣や堀を残すのみだった広島城は戦後になってから復元され、天守部分も再現されている。

爆風に耐えた石垣の一部には、いまも被爆した樹木や黒くこげた部分を見ることができる。

この広島城は「原爆ドーム」同様、戦火を経験した生き証人として、広島の平和の象徴でもあるのだ。

五章

築城にまつわる謎

78 日本の城はいつ、どのように生まれた？

戦乱の世を描いた小説やドラマでは、本丸を死守すべく戦う武士たちの姿が描かれる。命をかけてまで守った城は、いつ頃生まれたのだろう。

じつはその始まりは古く、**弥生時代**にさかのぼる。農耕の開始で定住するようになった人々は、他集落との争いから領地や身を守る必要がでてきたためだ。堀を造り土塁をめぐらし、**杭などで柵を立てるこの時代の環濠《かんごう》集落が城の起源**といわれ、大規模な環濠集落を造りあげた佐賀県の吉野ケ里《よしのがり》遺跡にも見られる。

平安時代には「武士」が現れ、**石垣や土塁をめぐらす館**を建て始めた。そして鎌倉時代になると、「山城《やまじろ》」が築城されるようになる。

この頃の山城は、何かあったときの「逃げ込み場所」という要素が強い。しかし南北朝争乱の時代、楠木正成が、大坂に築城した千早城で幕府軍を退けた戦い（１０４ページ参照）をきっかけに、山城の利点が注目され始める。戦略拠点としての山城が築城されたの

吉野ヶ里遺跡

もこの頃だ。

続く戦国時代が、築城のピークとなる。目的のほか、**大名の居城**、**軍事戦略上の拠点**といった**大規模な城郭で勢力圏を誇示する**城も現れた。

天下統一の頃には、城の役割も変わってくる。拠点は山から平野部に移り、土台は石垣で固められ、立派な天守を持ち、城下町を従えるようになる。織田信長の安土城、その様式を継いだ豊臣秀吉で近世城郭が完成したのもその頃だ。

ところが、江戸時代になると、一国一城令が出され、改修も厳しく制限された。近世城郭は、戦国時代のように活用されることはなかったものの、**一国の象徴**としてその姿を残している。

79 日本の城と世界の城の違いはどこにある?

世界中には多くの城が存在する。領主の生活の場として、また有事の拠点としての役割を担ってきたが、日本の城には世界中のどの城にもない大きな特徴がある。

それは、**本丸の建築材料に石が使われていない**ということだ。世界の城の多くが石で造られているのに対し、日本の場合は**土と木が主流**になっている。どうして日本の城は石で造られなかったのだろうか。

ひとつには、日本の地質が大きく影響している。

火山列島である日本の地質はマグマが冷えて固まった火成岩が多く、硬くて成形しにくいという特徴があるからだ。さらに、山が多く運搬に手間がかかったことも理由のひとつと考えられている。

一方、大陸には砂や火山灰、生物の遺骸といった堆積物が固まってできた堆積岩が多く存在している。こちらは、火成岩と違って柔らかいため、切り出して加工しやすい。

だからこそ城の主要材料として用いられたのだ。
この特徴は、城に限らず巨大建築物にあてはまる。たとえば、エジプトのピラミッドやギリシャのパルテノン神殿などがそうで、古代から石が使われていたことでもうかがえる。

ところで日本の城は、世界の城のように壁にまで石を用いた城は存在しないが、**構造上、石が使われている部分がある**。

「石垣」がそうだ。堀を造り、その土で土塁を築く場合、それだけではもろいため補強のために石が使われたのだ。

さらに、城を守るために敵が容易に登れないようにする目的もあった。

ちなみに、防衛のための石垣で有名なのが熊本城だ。最初は緩やかな勾配なのだが、上にいくにしたがって垂直になる扇型の形状は、「武者返し」と呼ばれて敵を退けた（32ページ参照）。

パルテノン神殿

80 日本の城特有の「天守」はなぜ生まれた？

日本の城と聞いて、まず思い浮かべるのが立派な天守だろう。威厳のある構造は、まさに城の存在を表すものといえるが、実用的な役目はあったのだろうか。

そもそも**天守は戦国時代には存在しなかった**。現れ始めたのは戦国末期からだが、構造は城主の住居を2階、3階と重ねたようなもので、けっしてものものしいものではなかった。

その存在意義を大きく変えたのは、**安土城**だ。天下統一を目論む織田信長が巨大な天守を築いたのだ。城下を見渡すと同時に、城下から見られることを第一にもっとも目立つ場所に造られており、その目的は**自身の権力を誇示する**ためだ。

さらに豊臣秀吉が大坂城に安土城を上回る豪華な天守を造ると、天守は**権力を象徴するもの**として認識され、各地の城主もこれにならった。

権力を示すものとはいえ、天守は高い位置に造られるだけに、軍事上は標的にされやすくなるというマイナス面もある。

そこで、簡単に攻め入られないように、天守を守るための櫓《やぐら》が造られるようになる。天守の入り口を守るだけの構造のものから、大天守を奥に置き、小天守で口の字形につないだ〝連結式天守〟も現れた。世界文化遺産に登録されている姫路城などがこれである。

現在の大阪城天守。天守が権力の象徴だった頃のなごりを伝えている。

こうした立派なつくりの天守は、江戸時代になると一転して豪華さを失ってくる。

徳川家康は、権力の象徴ともいえる五重天守の建造を規制し、1615（元和元）年の一国一城令では幕府の許可なく築城、改修することを厳しく取り締まった。

このため天守を建てる天守台だけを築き、結局建造しなかったという城もある。

81 城をつくったのはどんな人？

いまもなお多くの起業家が戦略論として愛読する孫子の「兵法」は、戦国時代から戦の参考書として重宝されてきた。同様に、防衛論として参考にされてきたのが墨子の思想である。墨子は平和主義者として非攻説を唱え、著書『墨子』のなかでも「備城門」など城を守るための技術について述べている。

このような中国の戦略と防衛を日本に取り入れたのが軍学という学問で、『武教全書』を著した**山鹿素行**《やまがそこう》などが有名である。こういった軍学を学び、大名の参謀として攻守の戦略を企《くわだ》てた人々が軍師である。名軍師として武田信玄についた**山本勘助**や上杉景勝《かげかつ》の家臣、**直江兼続**などは有名である。

軍師は、築城についてもアイデアを出す役割を担っており、城の立地、建物の配置、城門の工夫などを大名に進言していたようだ。特に弘前《ひろさき》城の**沼田面松斎**《めんしょうさい》などは、築城専門の軍師として名前が残っている。

山鹿素行

直江兼続

　また城大工には宮大工から登用された者が多く、熱田神宮の宮大工で安土城を築いた**岡部又右衛門**、徳川の専属大工頭で、江戸城や駿府《すんぷ》城、名古屋城から増上寺、日光東照宮などを手がけた**中井正清**などが城大工の頭として名を残した。

　さらに石垣積みには専門集団が関わっている。朝鮮からの渡来人で、古墳の石室などを手がけていたといわれる近江《おうみ》（滋賀県）の**穴太衆**《あのうしゅう》である。

　こういった優秀な軍師、技術と統率力を備えた大工頭だが、石垣など個別部分を担当する職人集団をいかに抱え込むかが、戦国の名将の腕の見せどころでもあった。彼らを一堂に会することができたとき、名城が生まれるのだ。

82 築城の名手・山本勘助は本当にいたか？

「城取《しろとり》の極意」といえば、真っ先に登場するのが山本勘助の名前である。大河ドラマでもおなじみとなった、武田信玄付きの軍師だ。

ちなみに「城取」とは城を攻め落とすことではなく、城を築くことである。戦国時代の名将武田信玄の戦略をまとめた『甲陽軍鑑《こうようぐんかん》』が江戸期に入ってから戦略術の名著とされ、軍学者らに研究されたこと、また信玄と勘助の逸話が講談などで取り上げられたことなどから、「勘助流城取の極意」という言葉が生まれたようだ。

『駿河国新風土記』の清水城の築城について、海に囲まれ防衛に優れた立地を「山本勘助流城取の極意なり」と著《あらわ》している。

江戸時代の軍学者は勘助の極意を「堅固三段」として説明している。領地における城の位置が「国堅固」、城周辺の山や海などの立地が「所堅固」、頑丈な城であることが「城堅固」という三段構えの築城こそが城取の極意であるというのである。

しかし、『甲陽軍鑑』のなかで勘助の役割を「山本勘助城取、或は敵をまわす事」と説明しているものの、**そもそも「山本勘助」なる人物が存在していたのかという議論が明治以降に起きた**。さらに同時期のほかの資料との矛盾点などを指摘されて、**『甲陽軍鑑』自体が批判の対象となり、学術論文に引用されるのはタブーとされた**ことがある。

その後、別の資料から山本勘助らしい人物が側近としていたことは判明したが、一般にいわれる勘助の活躍は、江戸期に入ってからの講談や軍記物などの**読み物で誇張されたものである色彩が濃い**。

山本勘助（歌川国芳画）

軍学者らの戦略研究は、戦のない安泰な時期になってから盛んに行われたものであり、多くの軍学者の本職は儒学者だった。「城取の極意」とは戦を知らない学者らの机上《きじょう》の論理だったようだ。

83 「名築城家」は意外に不幸だった？

築城の名人として知られる大名には、加藤清正（熊本城）を筆頭に、藤堂高虎（宇和島城・伊賀上野城）、細川ガラシャの夫としても知られる細川忠興《ただおき》（小倉城）、山内一豊（高知城）、加藤嘉明《よしあきら》（松山城）、堀尾吉晴（松江城）、丹羽長重（白河城）などが挙げられる。

じつは、これらの大名はすべて織田・豊臣家に仕《つか》えてから徳川についた**外様大名**《とざま》なのである。織田信長、豊臣秀吉ともに安土城や大坂城など城の建築・改修に熱心だったため、彼らに仕えていた大名たちは天下を取るための築城のノウハウを心得ていたのだ。

特に加藤清正の石垣は有名で、下方の緩い傾斜から上にいくに従って反り返り、容易に侵入できないような設計となっており、難攻不落の城であることが江戸後期の随筆『甲子夜話《かっしやわ》』にも綴られている。

ただ、この**築城名人たちのその後は必ずしも安泰だったわけではない**。主君を転々とすることに長《た》け、徳川に取り入った藤堂などは特殊な例で、加藤清正の場合は本人の死後、

左上：加藤清正　右上：丹羽長重　左下：山内一豊　右下：細川忠興

幕府の命令により改易（城と領地を奪われ、大名としてクビになること）された後、**お家断絶**となり、熊本城は細川忠利に明け渡されている。

加藤嘉明の家系も家老の謀反の責任を取らされて改易、堀尾家は嫡子がなかったため直系は三代でやはり改易となった。

また、前田や山内、丹羽などの有力大名も江戸から遠い地の領主であったため、徳川を脅かすほどにまでは至らなかった。

織田・豊臣系の大名たちは築城で利用されたあとに城と領地を奪われ、外様の立場を思い知らされたのである。

84 城は自由に建てられなかった？

江戸時代、領主は一国の主でありながら、自由に城を建てることはできなかった。徳川幕府によって厳しく取り締まられたからだ。

1615（元和元）年、**「一国一城令」**、および「武家諸法度」が公布された。一国一城令は、**居城となる城以外は廃城にする**というものだ。武家諸法度は全13箇条からなり、大名の遵守《じゅんしゅ》すべきことや大名の国政などについて規定している。

そのなかで城郭については、「新規ノ城郭構営ハ堅クコレヲ禁止ス。居城ノ隍塁・石壁以下敗壊ノ時ハ、奉行所ニ達シ、其ノ旨ヲ受クベキナリ」とある。つまり、「新たに築城することは厳禁。居城の石塁や石壁が壊れ、修理をするときは奉行所に申し出て許可を受けてからにすること」ということだ。

実際に処罰された大名では、安芸広島藩主の福島正則が有名だ。関ヶ原の戦いで功をあげた福島は、戦のあとに安芸広島と備後49万8200石の大封（広大な領地）を得る。

広島城

福島正則

しかし、1619（元和5）年、**台風により壊れた広島城の一部を修繕したことが幕府にとがめられた**のだ。

じつは、福島が修繕願いを出していたにもかかわらず、2カ月も音沙汰なしだったというから、もともと幕府ににらまれていたという説もある。

しかし処分に容赦はなく、安芸備後50万石を没収され、津軽への転封（領地替え）を命じられた。

一方、幕府から築城を許可された場合でも、目立つ天守を造らず、いまも天守台だけが残る城もある。

大名は、領主とはいえ城を自由に修理することもできず、幕府に目をつけられないようにびくびくしていたのだ。

85 城にはどんな種類がある?

山国である日本では、地形を利用して山の上に城が築かれることが多かった。これらは「山城《やまじろ》」と呼ばれ、敵が攻め込みにくく、防御に有効なのが特徴だ。鎌倉時代から築かれたが、当時は有事の逃げ込み場所としての役割が強く、山城が戦の拠点となったのは、戦国時代に入ってからだ。

切り立った山に建つ城は敵からの防御にすぐれ、かつ上から石などを落として敵を撃退することもできる攻撃性も兼ね備えていた。地の利を生かして敵を撃退した例では、楠《くすの》木《き》正成《まさしげ》の千早城が知られている。

その一方で、戦に勝つにつれて領主の規模も大きくなり、山の上での生活も不便になってくる。そこで、平地の丘陵を利用して建てられるようになったのが「平山城《ひらやまじろ》」だ。家臣を住まわせ城下町を造れば商業的にも便利なうえ、人々から城の天守が見えることで力を誇示することもできる。攻撃面においても鉄砲が使いやすいという利点もあった。

そして**「平城《ひらじろ》」**は、平野部に建てられる城のことだが、こちらは2つのパターンがあった。

ひとつは、海や川、湖などを防衛に利用して建てられる**「水城《みずじろ》」**だ。海岸を利用したもの、船の出入りができるように河口に建てられたもの、そして川や湖に面して造られたものなどがあり、防御性や攻撃性にすぐれており、さらに商業的にも利点があった。

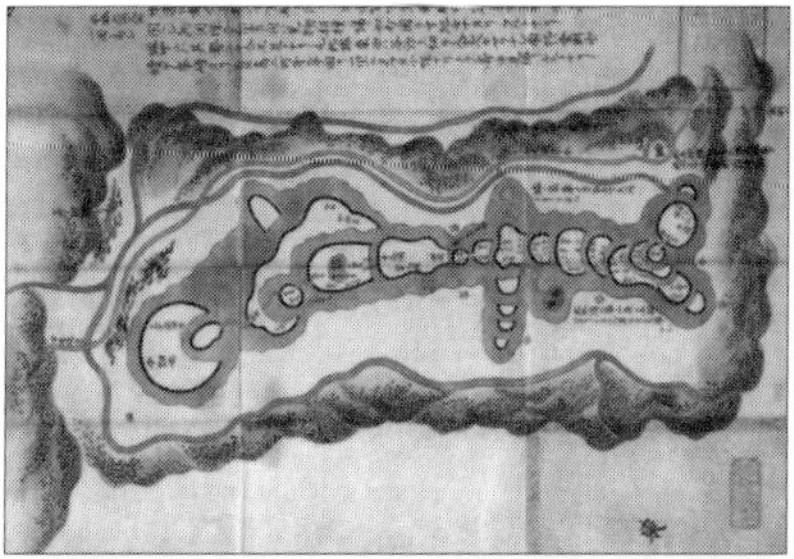
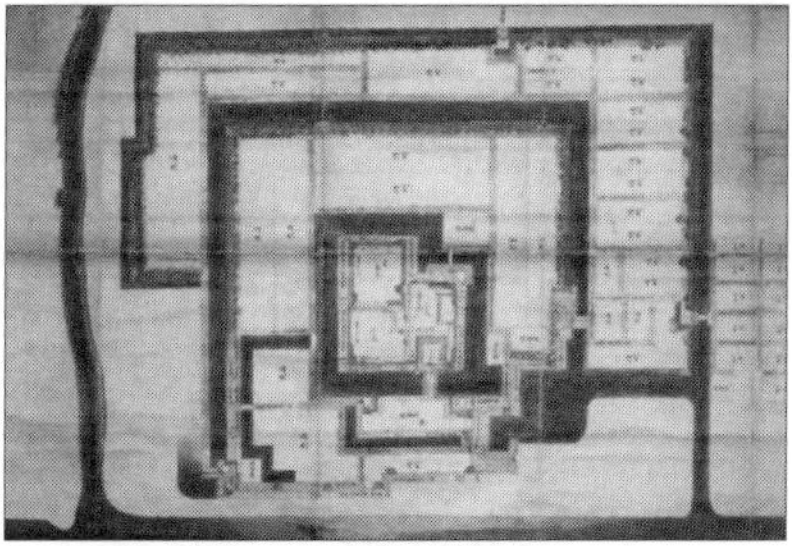
上：山城の代表・千早城の縄張
下：水城の代表・今治城の縄張

香川県の高松城、愛媛県の今治城《いまばりじょう》、大分県の中津城が三水城として知られる。

もうひとつは、**権力の象徴**として建てられた城だ。

平和な時代になるにつれて造られたもので、徳川時代の二条城、駿府城《すんぷじょう》がその代表例だ。

立地によって目的の異なる城の種類は、時代の変遷をも表しているといえる。

86 鉄砲は築城方法に大きな影響を与えた？

敵から防御しやすく、しかも攻撃しやすいという点では、山城に勝るものはない。だからこそ戦国時代には、山城が数多く造られた。

しかしそれも、弓矢や槍《やり》という武器に対してのことで、その後、丘陵を利用した平山城、そして平城が築城されるのだが、その変遷は**武器の変化**を色濃く受けている。その武器とは、ずばり**鉄砲**だ。

鉄砲は、1575（天正3）年の**長篠《ながしの》の戦**で織田信長軍に大量に導入され、全国にその威力を知られることになった。刀や槍は接近戦に適したものだったが、**鉄砲は遠くからでも殺傷能力がある**。また、個人戦ではなく、**集団戦でこそ威力を発揮する**武器なので、戦術を変える必要があったのだ。

敵が鉄砲で攻めてきた場合、柵や浅い堀で囲っただけの山城の防御力は脆弱だ。しかも迎撃しようにも、当時の鉄砲は下に向けると銃弾が落ちてしまうため、攻撃面でも高所にあることが不利になる。

その点平山城は、山城に比べて見通しがよく、射程距離や目標を定めやすい。鉄砲に必要な弾薬などを備蓄しておくにも、山の上よりも便利だ。また兵力を確保しやすく、集団戦に対応できる。こうして山城から平山城へと移っていったのである。

「長篠合戦図屏風」より、徳川方鉄砲隊部分

しかしその半面、平山城は低い位置にあるので、敵からの攻撃にさらされやすい。**刀や槍に比べて飛距離も威力も増した鉄砲に対処するため、それまでより高い防御力が必要になった**のだ。

そのため、何重にもめぐらせた堀や高い土塀、堅牢な石垣が造られた。さらに、城壁には小さな穴を開け、鉄砲で攻撃するなど、攻防両面で工夫されるようになった。鉄砲の普及は、城の立地だけでなく、築城の方法や建材にまで少なからず影響を与えたのだ。

87 城の内部はどんなつくりになっていた？

ひと口に城といっても、立地や広さなどによって構造は大きく異なる。用途や目的に合わせた城内の区画を「**曲輪**《くるわ》（郭）」と呼び、この曲輪の配置を工夫することで、敵が簡単に攻め込めない工夫を凝らしていたのだ。

中心部から順に「一の曲輪」「二の曲輪」と名付けられるが、同じ意味で「一の丸」「二の丸」とも呼ばれ、「丸」のほうがなじみが深い。

曲輪に決まりごとはないが、**最重要部分が一の曲輪で、以後、一の曲輪を守るように配置される**のが一般的だ。まず、中心部にあるのが一の曲輪。別名、一の丸、本丸ともいわれるものだ。有事には中枢を担う部分で、天守もここに建造される。

二の曲輪（二の丸）は、一の曲輪を防御するための区画で、城主の居所が置かれることもある。武器弾薬、兵糧など戦闘時に必要な物資がここに置かれることも多かった。

一の曲輪、二の曲輪を防御する役目を担うのが三の曲輪（三の丸）だ。家臣の屋敷、厩《うまや》（馬小屋）、馬場などが置かれる広大な敷地となるのが特徴で、**三の曲輪までが戦闘時の中心部分**となる。

兵糧と同様、水も生命にかかわる重要な要素だ。井戸やため池、河川など水を入手する場所は、水手曲輪、井戸曲輪などと呼ばれた。庭園や池などが造られるのは山里曲輪で、茶室などもここに置かれている。

曲輪の数は城の大きさに比例するが、方角によって北の曲輪（北の丸）、西の曲輪（西の丸）などとつけられる場合もある。

ちなみに、曲輪が人物の呼称となるケースもあり、豊臣秀吉の側室、淀殿（茶々）は西の丸に住んでいたので「西の丸殿」と呼ばれていた。

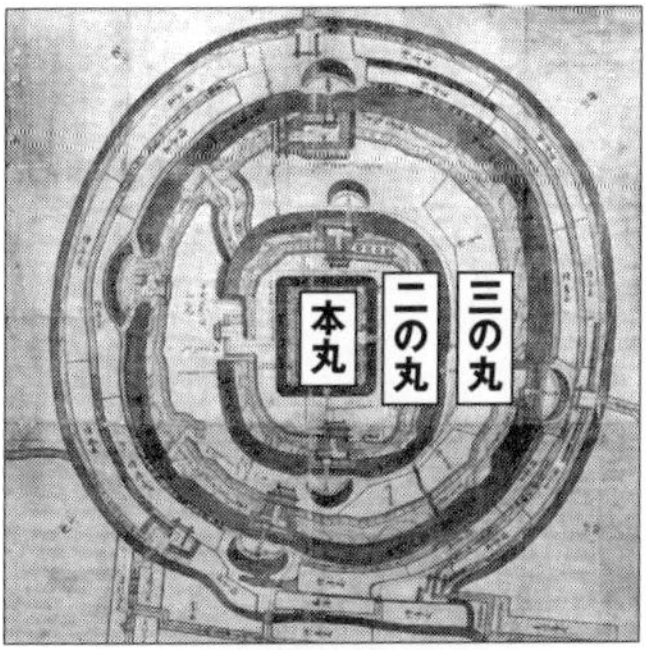

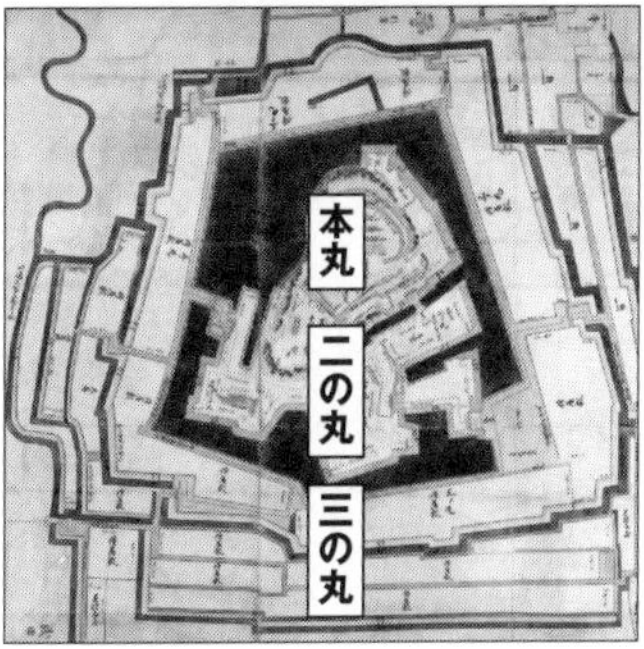

上：田中城の縄張図
下：丸岡城の縄張図

88 城の設計プランはどう決まっていた？

城を防御するには、堀や門、虎口、本丸や曲輪《くるわ》をどう配置するかが最重要課題となる。そうした築城の設計図を**「縄張《なわばり》」**と呼び、その縄張の形は**輪郭式《りんかくしき》、梯郭式《ていかくしき》、連郭式《れんかくしき》、並郭式《へいかくしき》**と、大きく4つに分類される。

輪郭式は、平野部に建てる場合など、どこから攻め込まれても防御できるようにしたものだ。しかし、全方向を完璧に防御するのは手間もかかる。それよりも、川や谷、山など**地形を利用してつくる**梯郭式のほうが合理的だ。

一方の連郭式は、細長く続く尾根や、両側が切り立った崖といった地形に建つ山城に多く見られる。

また4つ目の並郭式は、敵からしてみれば、ひとつずつ曲輪を落としていかなければならないので、本丸到達までに時間がかかる。このように縄張は、**山や川、谷といった自然の地形を生かして決まることが多かった**のである。

輪郭式

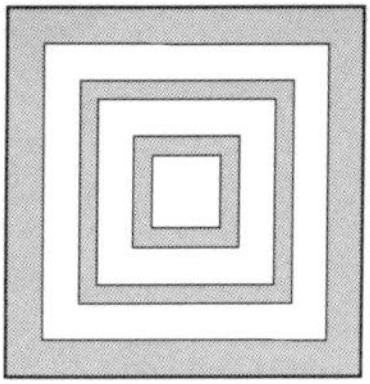

【特徴】
本丸を取り囲むようにして二の丸、三の丸を配置したもの。曲輪構造の基本的な形といえる。
【おもな城】
駿府城、大阪城、二条城など

連郭式

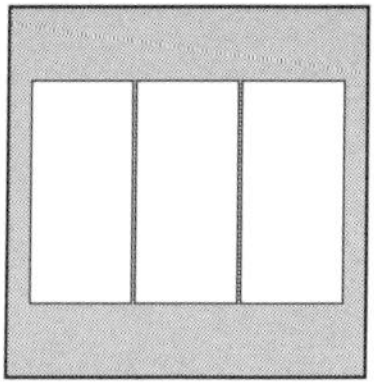

【特徴】
本丸を取り囲むようにして二の丸、三の丸を配置したもの。曲輪構造の基本的な形といえる。
【おもな城】
駿府城、大阪城、二条城など

梯郭式

【特徴】
本丸を中心に、二の丸、三の丸をかぶせるように配置したもの。半円型のものもある。
【おもな城】
上田城、岡山城、弘前城など

並郭式

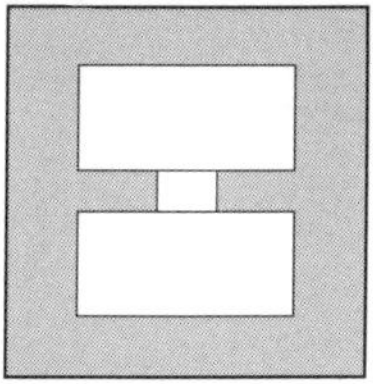

【特徴】
本丸と二の丸、またはもうひとつの曲輪がならべて配置されたもの。三の丸がこれを取り囲んだりもする。
【おもな城】
島原城、大垣城など

89 石垣にはどんな工夫があった？

石垣の美しさで知られる香川県の丸亀城。整然と並ぶ石は、まさに芸術品ともいえる。しかし、日本の城の石垣は最初はもっと粗《あら》いものだったようだ。

石が硬く、形を整えることが難しかったため、戦国末期には隙間の多い石垣が少なくなかった。しかし、これではかえって手がかり、足がかりが多くなってしまうため、敵が簡単に登ってきてしまう。城を守るためには、もっと隙間のない積み方が求められるようになってきたのだ。

そうして生まれたのが**「打ち込みハギ」**という手法だ。安土桃山時代の城に多く見られ、石の角を削って形を整えているので、隙間が少ないのが特徴だ。さらに、石を四角く整えてから積む**「切り込みハギ」**は隙間がほとんどなく見た目も美しい。

石垣の勾配にもまた、工夫が見られる。防衛上は敵が簡単に登れないようにできるだけ高く、そして急勾配が望ましい。半面、建物を支えるには土台を安定させる必要がある。

そこで考えられたのが、下はゆるやかに、上にいくほど勾配がきつくなる**「扇の勾配」**だ。これは武者返しともいわれ、敵の侵入を妨げた。

一方、石垣には攻撃面の備えもあった。**「横矢」**と呼ばれる直線ではなく、ところどころ折れ曲がっている部分だ。これは、敵を側面から攻撃するために備えられた。

上：金沢城の枡形門。左側が打ち込みハギ、右側が切り込みハギ。
下：高知城の石落とし（写真提供 :hanaakari）

また、石垣からせり出すように建てられる**「石落とし」**は、上がってくる敵を石や槍《やり》で攻撃する場所なのだが、石垣が扇型の勾配であれば、上から落とされた大きな石はいったん石垣にぶつかって飛び散る。その結果、多数の敵にダメージを与えることができた。

90 石垣に使われた石はどこから来た？

豊前《ぶぜん》国中津城主、黒田孝高《よしたか》から姫路城を譲り受けた豊臣秀吉は、美しい天守を建築するとともに、石垣で城郭を囲む大改修を行っている。案の定、石集めに苦労していたところ、城下で焼餅を売っていた老婆が「これでもお役に立てれば」と、古い石臼を差し出したという話がある。

秀吉がこれを喜び、石垣に使ったというこの話はたちまち広まった。そこで城下の領民らがこぞって石を寄進したそうだ。老婆が寄進したという石はいまも乾小天守北側の石垣に残っている。

この姫路城の石垣にまつわる伝承の真偽は定かではないが、じつは、城の石垣に中古の石が使われたというのは本当だ。これら中古の石は**「転用石」**と呼ばれ、種類も千差万別。**石臼はもちろん、古墳の石棺、灯籠、石仏から墓石まで利用されたという。**

その理由としては、石垣造りには膨大な量の石が必要だったにもかかわらず、日本で

大和郡山城の石天守下の石垣には、梵字が刻まれた石が使用されている。

はなかなか成形しやすい石が採れなかったこと、加えて城普請を急いだためではないかと考えられている。

　転用石の多さで知られるのが、京都府の福知山城だ。自然のままの石を積む野《の》面《づら》積みや穴太《あのう》積みといった方法で、**石仏、五輪塔、灯篭、庭石などを利用**して強固な本丸石垣が組み上げられている。

　さて、江戸城や二条城、名古屋城などは、江戸幕府が諸大名に命令して行った天下普請《てんかぶしん》だ。その際、各大名は持ち込んだ石材に所有を証明する刻印をした。

　そうしないと、石を横取りされることもあったらしく、せっかく持ち込んだ石を「転用」されてしまうことも少なくなかったようだ。

91 やぐらはなんのためにつくられた？

城には必ずといっていいほど櫓《やぐら》がある。天守と見違えるほどの複雑な造りを持つ櫓は、いったい何のために造られたのだろうか。

ひとつは**貯蔵庫としての役割**だ。もともと櫓は「矢倉（蔵）」とも書かれ、矢を射る倉が語源といわれている。平時には武器を貯蔵しておく場所、そして有事となれば攻撃する場所だったというわけだ。

武器だけでなく、塩や味噌、薪など籠城《ろうじょう》のときに重要になる物資の保管場所にもなっていた。たとえば、保存用の糒《ほしいい》（保存用の乾いた飯）を蓄える干飯櫓《ほしいやぐら》がそうだ。

もうひとつが、**見張り場所としての役目**である。「物見櫓」ともいわれるものがそうで、たとえば兵士の到着などを確認する「着見櫓《つきみやぐら》」、海を見張る「潮見櫓《しおみやぐら》」などがある。

なかでも、曲輪の角に造られたものは**「隅櫓《すみやぐら》」**と呼ばれ、もっとも眺望がよかった。敵の動向を把握し、攻撃をしかけるのに最適の櫓として多くの城で見ることができた。

熊本城宇土櫓

櫓の高さは、平櫓から三重櫓まであり、隅櫓は二重櫓が基本だった。

江戸時代には、武家諸法度などで城の改築などが許可制となり、大規模な天守の再建が難しくなった。そこで、三重櫓を天守の代用とした城もある。

形状には、石垣の上に長屋のように建てられた多聞櫓《たもんやぐら》（多門櫓）、櫓と櫓の間をつなぐ渡櫓、一層と二層の規模が同じで重箱に似た形の重箱櫓などがある。

現存する櫓のなかでもよく知られるのが、熊本城の「宇土櫓《うとやぐら》」だ。外観は三重だが、内部は地上5階、地下1階と、ほかの城のものに比べて群を抜く大きさを誇っており、2016年の熊本地震の際にもほぼ無傷だった。

92 城を守る城門はどんなものだった？

城門は、城の出入り口であると同時に、防衛の要《かなめ》となる場所だ。そのため城郭のなかでも早くから発達し、歴史が古い。門の上に櫓《やぐら》を載せた格式高い2階建ての櫓門や平屋造りの冠木門《かぶきもん》、コの字型に屋根をかけた高麗門《こうらいもん》、そのほか長屋門、棟門《むなもん》など、その種類もたくさんある。

見た目も大きさも違う門だが、じつは、その**構造はどれも同じで、基本は鏡柱、冠木、控柱、そして扉からなる**。

まず門の正面だが、両側には鏡柱という主柱を立てる。これは正面の幅が広く、大手門など重要な門では幅が60センチにも及んでいる。鏡柱の上には冠木を渡し、後ろには控柱を立てる。鏡柱が倒れないように控柱と貫《ぬき》でつないで骨組みが完成するのだ。そうして、両側の鏡柱の間に内開きの門を取り付ければ城門の完成だ。

主な名称を挙げると、城の表側にあるもっとも厳重で大きな門を**「大手門」**と呼ぶ。

その裏手にあたるのが**「搦手門《からめてもん》」**で、「不開門《あかずのもん》」は通常は閉ざされており、鬼門（東北方向）に置かれていた。

地名に由来する名称も少なくない。江戸城の桜田門や日比谷門などがそうだ。姫路城ではあまりに多くの城門を造ったため、「いの門」、「ろの門」というように「いろは」順につけている。

上：江戸城の大手門
下：搦手門

曲輪《くるわ》と曲輪を隔てる役割を持つ城門だが、敵の侵入を防ぎ、いち早く撃退する場所でもあった。

そのため、場所によっては迷路のように配置したり、見えないように隠して建てたりするなどの、工夫が見られるのも特徴だ。

93 外敵を罠にかける「桝形門」のしかけとは？

城の入り口を**「虎口《こぐち》」**というが、敵軍が直線的に大量に侵入することを避けるために、互い違いにしたり中央部《しとみ》と呼ばれる土塁を作ったりした。蔀は障害物かつ迎撃用の陣地としての役割も果たした。

中世以降の城の門に見られるようになったのが、**「桝形門《ますがたもん》」**だ。この形は門の防衛策としての完成型ともいわれている。桝形門には門がふたつあり、外側に面する部分は**「高麗門《こうらいもん》」**という小さな門だ。これは、敵軍が一度に侵入することを防ぐ働きがある。

また敵軍が直進できないよう、高麗門正面には突き当たりがあり、直角に曲がることを余儀なくされる。そこに待ち受けるのが、「櫓門《やぐらもん》」という大きな門である。

つまり桝形門は、前後を門によって塞がれた直角に曲がった空間を創り出す二重門の構造になっているのだ。万が一、敵軍に入り込まれてもこの門内に封じ込め、敵を攻撃できるように工夫がされており、「究極の虎口」との異名を持っている。

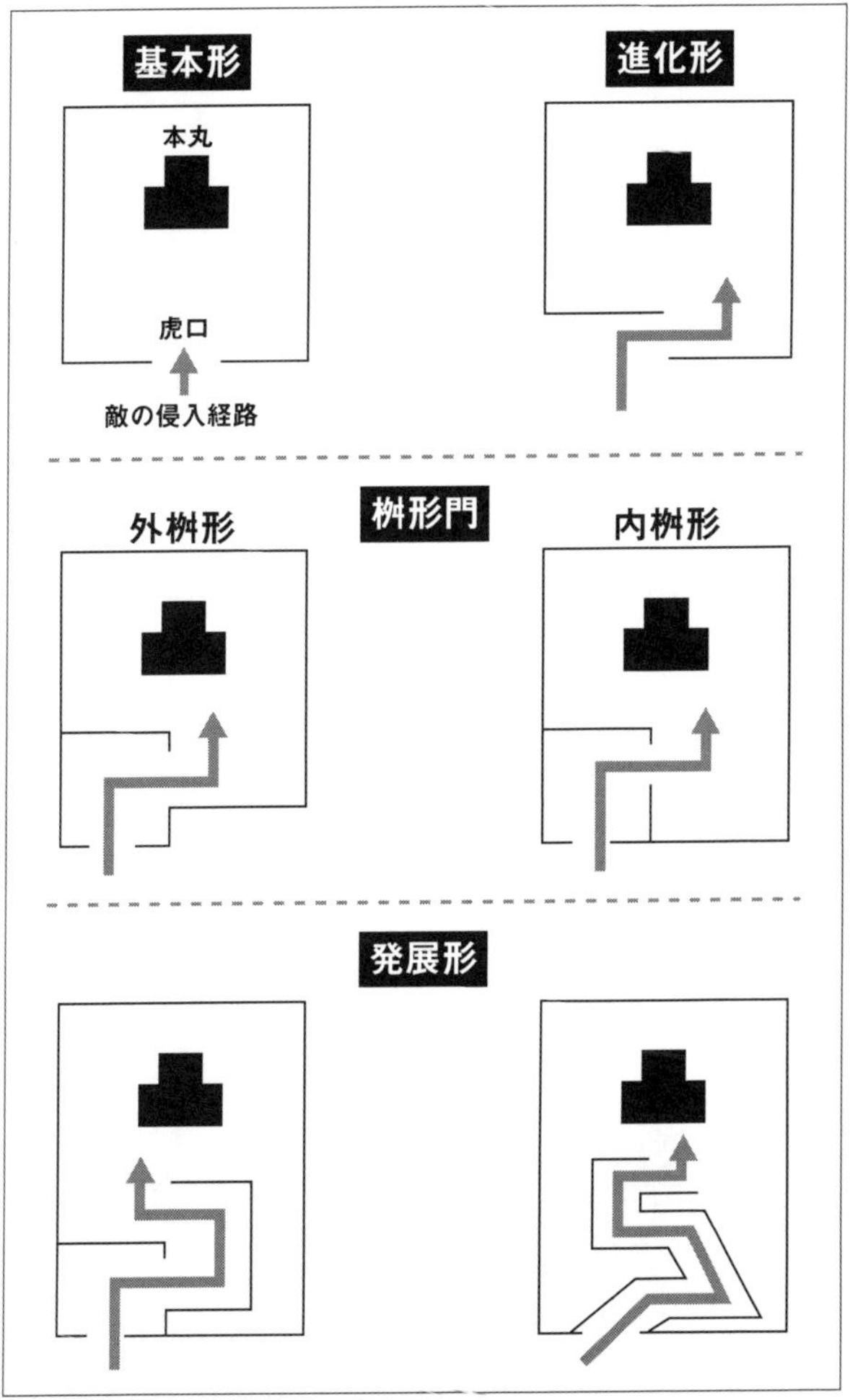
基本形
本丸
虎口
敵の侵入経路
進化形
枡形門
外枡形
内枡形
発展形

94 「馬出」は城を守るためにつくられた？

城の出入り口である虎口をどう守るか。これが城を防御する大きなポイントだ。

そこで武士たちは、万一敵に攻め入られても簡単には本丸に近づくことができないように、桝形の空間をつくって混乱させる桝形虎口を設けたり、本丸の周囲に二の丸と呼ばれる場所を作ったりと工夫を凝らした。

そうした知恵のひとつに挙げられるのが、虎口の外側に囲いを築く**馬出**だ。

馬出の利点は、第一に場内の様子が敵からさえぎられることで、攻め出す際など、陣内の手の内を読まれなくてすむ。そして敵が攻め入るには、この囲いを迂回して侵入しなければならないので、手間取った敵を攻撃することができる。さらに自陣から攻撃する際の足がかりとしても活用され、兵士たちを守る役割も果たした。

つまり馬出は、**防御と攻撃の両面を兼ね備えた構造**といえるのだ。

形状は大きくふたつあり、丸く土塁を築いた丸馬出と、四角く陣地を作る角馬出だ。

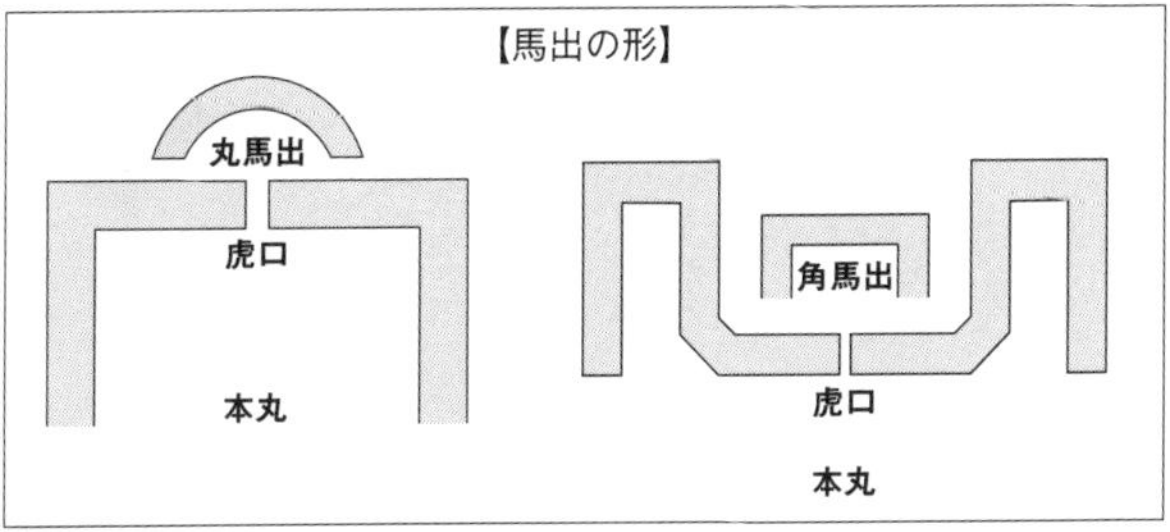

上：馬出は出撃の拠点としての役割と、敵の攻撃をいったん遮断する役割の2つを持つ。（参考資料：「城のつくり方図典」（小学館））
左：千葉県にある佐倉城跡。馬出や堀が残っている。

丸馬出は土で作るのが基本だが、角馬出の場合は石垣で固めたものも存在する。前者は武田氏が、後者は北条氏が多く築いたといわれている。

現在では、兵庫県の篠山城、長野県松本城、愛知県名古屋城などの馬出が有名だ。なかでも篠山城では、石垣造りと土塁による計3つの角馬出を見ることができる。

神奈川県小田原城や広島県広島城には大規模な馬出曲輪があるが、これは通常の馬出がさらに発展したものだ。また、四方向の虎口から敵を一カ所に誘い込む辻馬出というものもある。

95 城の周りを囲む堀にも種類があった？

大きな溝を掘って敵の襲来を防ぐという方法は、古代からある防衛手段だ。平城の周囲を堀で囲むのが基本で、なかには川や谷など自然の地形を生かす場合も多く見られる。さらに、堀で囲むことによって、一定区画を独立させ、防御力を高めることも可能だ。

城と聞くと天守や櫓を思い浮かべるが、なくてはならないのが堀なのだ。ひと言で堀といっても、その種類は多彩だ。まず大きく分けて**「水堀《みずぼり》」**と**「空堀《からぼり》」**がある。堀に水をたたえたものが水堀で、一方の空堀は底に杭や竹やりを埋め、攻撃力を高めるものもあった。

形状からも分けられる。底がU字に掘られた「毛抜堀」や平らにした「箱堀」は水堀に多い。V字型に掘った「薬研堀《やげんぼり》」、城側を深く掘り下げた「片薬研堀《かたやげんぼり》」などはV字にすることで敵の侵入を防ぐ効果があり、空堀にも用いられた。

さらに、堀の底を平らにしないで畝《うね》を残した「畝堀」がある。同様に、格子状にした

のが「障子堀」だ。どちらも敵の動きを封じる役目があり、いったん落ちると、なかなか這い上がれなかったという。

もちろん、平城を囲むように造られたものだけでなく、山城や平山城にも堀は存在した。「掘切」は、尾根など敵が登りやすい部分を仕切るように掘られたものだ。また、傾斜に垂直に掘られた堀は「竪堀」といい、これらは敵が斜面を登ってくるのを防ぐ効果があった。

ちなみに、堀につきものの橋にも防衛上の工夫がされている。たとえば「桔橋《はねばし》」などは、敵が攻め込んできたときに綱や鎖で引き上げて侵入を阻止するものだ。

また、直線的に進めないようにした「筋違橋」や「折長橋」などもある。

96 侵入者をあざむく城のトリックとは？

城内には**敵をあざむくトリック**が随所にしかけられている。

曲輪の構造、らせん状の動線はそのひとつだが、道をまっすぐ進めなかったり、途中で二手に分かれていたり、あるいは曲輪からの出口が隠されていることもある。

しかけには、行き止まりなどを作り、敵が本丸に到達する時間を稼ぐ工夫はもとより、敵の背後に回る仕組みも重要だ。攻撃する際に正面から向かうより、敵の後方から襲うほうが成功率は高いからだ。

そこで、門に隠されたトリックを見てみよう。

愛媛県の松山城は堅牢な守りの城として知られるが、本丸正面の「筒井門」の脇の塀には**「隠門《かくしもん》」**がある。いよいよ本丸だというときに、眼前の筒井門に殺到して突破を図る敵を、隠門から出て、背後から襲うしかけだ。

さらに、本丸の北東にある「艮門《うしとらもん》」や「艮門東続櫓」は、敵が迫ってきたときに、こ

松山城の隠門。敵の意表を突くために、城にはこうしたしかけがあちこちに用意されていた。

の門から出撃し、敵の側面を攻撃するために築いたと伝えられる。

また、兵庫県の姫路城には、動線にも敵の背後をとる工夫がみられる。

二の丸には、直角に曲がる門や多くの櫓が配置され、敵を小さな区画に追い込みやすくしているが、門から門へとUターンしなければならない道もある。急ぐ敵を背後から攻撃しようというわけだ。

城の縄張図を、曲輪や門の配置、道の動線などに注意しながら眺めると、城は**戦略的に考え抜かれた建築物**であることがわかるのだ。

97 「築城術の手本」と呼ばれるのはどんな城？

高崎城は、徳川家康の命を受け、１５９８（慶長３）年に井伊直政が和田城の城跡に築いた城である。１６１９（元和５）年からは安藤重信が大改修に着手し、以降３代77年の長きにわたって改修が続けられた。

いまは残念ながら城祉は公共施設となり、一番外側の堀があるだけで、城の輪郭をわずかに残すのみとなっている。しかし、この城は**「築城術の手本」**といわれるほど、よくできた城だったのだ。

いまは姿なき城がそういわれるのは、１７１７（享保２）年から幕末までこの城の主だった大河内《おおこうち》松平氏によって城郭研究がされたからである。それを記録した書によって縄張図ができあがっている。

縄張の基本は、烏川を背にした半輪郭式で、これを複雑な形で取り囲む曲輪群を配置しており、どこから攻めても本丸まで行き着くのが困難を極めるよう造られている。

また、いざというときには大軍を駐留させ、攻撃の拠点とするために**三の丸を驚くほど広くとっている**のも特徴だ。縄張図を見る限り、攻守の両面で優れており、その工夫に富んだデザインは日本の城郭のなかでもトップクラスだという。

設計者は、家康が派遣したといわれる。おそらく武田流軍学に精通した優秀な軍学者だったと思われる。

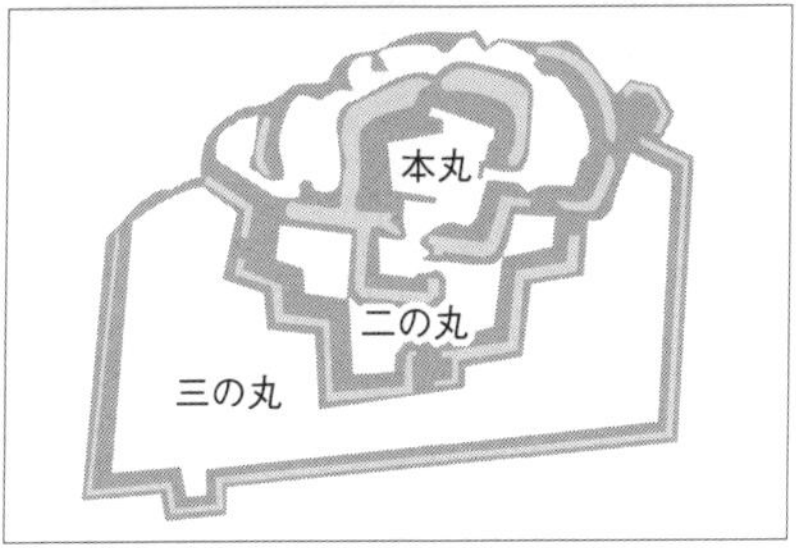

上：高崎城の旧本丸乾櫓（写真提供：裏辺研究所）
下：乾櫓

というのは、**半輪郭式の造りが武田信玄得意のもの**だからである。武田流軍学は、甲州流軍学ともいわれ、甲斐・武田氏の戦術が理想化され、江戸時代にできあがった兵学のひとつだ。

研究資料は詳細で、理論上は高崎城完全復元も可能といわれている。

98 松山城がシンプルなのにはわけがある？

愛媛県松山市にある松山城は、余計な装飾は一切なく、直線的で平たい屋根が特徴だ。これはこれでシンプルな美しさともいえるが、しかし一般的な天守の印象とはやや趣《おもむき》が異なる。

なぜ松山城の天守がこれほどシンプルな造りになっているのかというと、じつは松山城が築かれた時代と関係がある。加藤嘉明《よしあきら》が１６０３（慶長８）年に築城した松山城は、〝連立式平山城〟とよばれる形式である。連立式とは、天守閣に二基以上の小天守がついている形のものをいう。また平山城とは、平野のなかにある山、あるいは丘陵地帯に築かれた城をさす。この両方の特徴をそなえたのが、連立式平山城だ。

松山城は、標高約１３２メートルの勝山の山頂に本丸が造られ、北側の天守曲輪の四隅に天守および小天守、南隅櫓、北隅櫓が置かれて、それぞれが多聞櫓や廊下などで結ばれる構造となっている。

松山城の大天守。他の城とくらべるとシンプルな造りになっている。

現在残っている三層３階・地下１階の天守は、１８５４（安政元）年に完成したもので、全国に残る12の現存天守のなかでもっとも時代が新しい。

ところで江戸時代、基本的には幕府は武家諸法度によって新たな築城を禁止したが、攻略上の都合で例外的に築城や改築を認めている。いずれにしても、もはや城は以前のように**大名の威光を示すものではなかった**のだ。

それに加えて、江戸時代後期になると、**西洋建築の影響**を受けてシンプルな造りが主流となったという事情もある。

松山城も、そんな流れのなかで現在の天守が造られたのである。いわば**時代の潮流**だったわけである。

99 城は昔から桜の名所だった？

華やかな大天守と小天守が桜の向こうにそびえる姫路城。櫓門とのコントラストが美しい長野県の上田城の千本桜。大坂城、名古屋城、小田原城など、名だたる城のほとんどに桜が植えられている。日本の城は「桜の名所」と呼ばれるところが多く、季節となれば、人々が必ず花見に訪れるほどだ。

何百年もの昔から桜は人々を魅了してやまなかったのだと思いがちだが、じつは、**戦国時代と江戸時代には桜は植えられていなかった**。

城内の樹木は、ほとんどが松や杉だったようだ。松は、ほかの木よりも樹脂を多く含み、マッチ1本で火がつくほど燃えやすいため、籠城時の燃料として利用できる。しかも、「松明」という言葉が表すように、照明に使われる重要な材料だった。

一方の杉は、常緑の高木であるため目隠しとして使われた。曲輪周辺に植えるほか、土塀のないところは塀代わりに使われていた。

そのほかには竹がある。繊維が強く丈夫なため、竹小舞（和風建築の塗り壁の素地）として使われるためだ。そして梅は実を梅干として食料にできるので重宝された。

では、いつ頃からこれほど桜が植えられるようになったのかというと、1873（明治6）年に**廃城令が出されてから**である。

伏見城と満開の桜

城は軍事施設として残すか、あるいは取り壊されてしまった。その跡地に桜が植えられたのだ。

その後、天守などが復元されることで城と桜の組み合わせが生まれている。つまり、**城と桜は100年程度の付き合い**なのだ。

とはいえ、日本人の心に残る美しい景色でもある。

【参考文献】

『名城と合戦の日本史』（小和田哲男／新潮社）、『日本の城事典』（南條範夫監修／三省堂）、『日本の古城・名城100話』（鈴木亨／立風書房）、『日本の「名城」伝』（別冊宝島編集部古城愛好会編／宝島社）、『日本列島名城の謎』（平川陽一編／トラベルジャーナル）、『図説　山形県の歴史』（横山昭男責任編集／河出書房新社）、『日本の名城・古城事典』（南條範夫、奈良本辰也監修／阪急コミュニケーションズ）、『城郭の見方・調べ方ハンドブック』（西ケ谷恭弘編著／東京堂出版）、『新・日本名城図鑑』（平井聖監修／新人物往来社）、『決定版図説「城造り」のすべて』（三浦正幸監修／学習研究社）、『日本百名城』（中山良昭／朝日新聞出版）、『名城の日本地図』（西ケ谷恭弘、日　貞夫著／文春新書）、『日本の城ハンドブック』（小和田哲男監修／三省堂）、『城のつくり方図典』（三浦正幸／小学館）、『面白いほどよくわかる日本の城』（三浦正幸／日本文芸社）、『日本の名城・古城もの知り事典』（小和田哲男監修／主婦と生活社）、『日本の城郭・築城者の野望ヴィジュアル新発見』（西野博道／柏書房）、『意外と知らない！こんなにすごい「日本の城」』（三浦正幸監修／実業之日本社）、『日本の城』（中井均／新星出版社）、『日本の城「早わかり事典」』（井上宗和監修／日本文芸社）ほか

【参考ホームページ】

福井県坂井市、香川県丸亀市、玉藻公園、高松市、北九州市、小倉城、秋田市千秋公園、有隣　第483号、小田原市、NPO法人　松江ツーリズム研究会、松江市、よろっとしばた観光ガイド　新発田市まちづくり振興公社、岡山県、岡山市、高梁市、市内公園情報　函館市住宅都市施設公社、甲府市、首里城、名古屋城、三菱ゴールドパーク、大阪城天守閣、彦根観光協会、姫路観光ガイド、ひこにゃん特設サイト、会津若松観光市観光社、金沢城公園、熊本城、日本のお城　世界のお城、高崎市、松山城、伊予鉄道株式会社、松山市、北海道松前藩観光奉行、特定非営利活動法人　まちづくり推進機構、東京アレックス株式会社、日本観気研　月刊

風水、日建協、江戸情報、吉野ヶ里歴史公園、丸亀市、姫路城、広島城、川越歴史博物館、伊賀流忍者博物館、社団法人 伊賀上野観光協会、福知山市、大和郡山市ほか

【画像提供先URL】

「Hatabo's Homepage」 http://www5d.biglobe.ne.jp/~hatabo/index.html
「Room2950」 http://room2950.blog.eonet.jp/default/
「あの頂を越えて」 http://www.onedayhik.com
「愛知県の城と今月の名古屋城」 http://www.mirai.ne.jp/~stanaka/
「熱海城」 http://www.atamijyo.com/index.html
「裏辺研究所」 http://www.uraken.net/
「フーテン紀行！」 http://hanaakari.at.webry.info/
「楽 -incredibly enjoyable-」 http://betedesig.exblog.jp/
「北海道松前藩観光奉行」 http://www.asobube.com/
「松山城総合事務所」 http://www.matsuyamajo.jp/

日本の名城99の謎

平成28年2月18日　第1刷
平成28年9月16日　第2刷

編　者　歴史ミステリー研究会

発行人　山田有司

発行所　株式会社　彩図社《さいずしゃ》

〒170-0005　東京都豊島区南大塚3-24-4 MTビル
TEL:03-5985-8213
FAX:03-5985-8224

印刷所　新灯印刷株式会社

URL：http://www.saiz.co.jp
https://twitter.com/saiz_sha

ISBN978-4-8013-0123-8 C0121

本書は平成21年10月に弊社より刊行した書籍を文庫化したものです。